KB235624

딸들이 바꾼 삶, 엄마가 하는 정치

정치하는 엄마의 고해성사

정치하는 엄마의 고해성사

최경순 지음

와선재

차례

01

엄마, 그래 갖고 정치할 수 있겠어?
딸을 통해 진짜 어른 되기

1장.
딸에게 바란 것, 알파걸

2장.
딸에게 주지 못한 것, 안정감

정치하는 엄마
성숙한 사람이 정치도 잘 한다

1장.
담장 너머의 세상으로

2장.
세상 바꾸는 법을 배우다

차례

우리의 내일을 밝히는
소중한 이정표

최경순 보좌관을 처음 만난 것은 약 13년 전, 안양의 한 학교 교정에서였습니다. 당시 학교 운영위원회에서 활동하던 그는 아이들을 향한 진심 어린 눈빛이 유난히 빛나던 사람이었습니다. 얼마 지나지 않아 그는 '안양교육희망네트워크'라는 시민단체를 만들자며 저를 찾아왔습니다. 아이들의 미래를 위해 지역사회가 함께 고민해야 한다던 그 뜨거운 목소리가 지금도 귓가에 선명합니다.

당시 연정부지사를 마무리하고 지역에 있던 저를 초대해 '민주시민교육'의 장을 열고, 공동체의 역할을 조목조목 짚어내던 그의 모습에서 저는 새로운 희망을 보았습니다. 안양 토박이나 다

름없는 저만큼이나, 안양의 오늘과 내일을 치열하게 고민하던 그 열정은 십수 년이 흐른 지금도 한결같습니다.

그는 화려한 말보다 깊은 고민으로 해답을 찾는 사람입니다. 난관 앞에서 쉽게 타협하기보다는 끝까지 본질을 파고들어 해법을 찾아내고야 마는 강단이 있습니다. 그 진정성에 이끌려 제가 국회에 등원하며 함께 일해보자고 먼저 손을 내밀었습니다. 정치는 결국 '사람'을 향하는 일이고, 저는 주어진 역할에 책임을 다할 줄 아는 동료와 안양의 미래를 함께 설계하고 싶었기 때문입니다.

그렇게 함께 한 지난 6년 남짓의 보좌진 기간 동안 최경순 보좌관은 한 번 맡은 일은 반드시 매듭을 짓는 실천력과 뚝심을 보여주었습니다. 말의 성찬보다는 실질적인 행동을, 요행을 바라는 지름길보다는 원칙을 지키는 단계를 중시했습니다. 그가 그동안 쉽지 않은 일들을 묵묵히 해낼 수 있었던 것은 주민의 일을 내 일처럼 여기는 책임감 때문이었습니다. 모두가 퇴근한 밤, 식사도 거른 채 산적한 업무를 정리하던 그의 뒷모습을 보며 미안함과 고마움이 교차하곤 했습니다. 보이지 않는 곳에서도 마땅히 해야 할 일을 완수해 내는 성실함, 그것이 제가 '인간 최경순'을 전적으로 신뢰하는 이유입니다.

이 책 <정치하는 엄마의 고해성사>에는 그런 최경순 보좌관의 삶과 철학이 고스란히 녹아 있습니다. 아이를 키우는 '엄마'로서의 고뇌, 국정의 현장을 누빈 '보좌진'으로서의 전문성, 그리고 안양을 사랑하는 '시민'으로서의 사명감이 솔직하고 담백하게 녹아 있습니다.

저자가 걸어온 인생의 궤적을 따라가다 보면, 그가 꿈꾸는 안양의 미래가 결코 가볍지 않은 울림으로 다가올 것입니다. 이 책은 정치를 멀리서 바라본 이야기가 아니라, 현장에서 발로 뛰며 부딪히며 만들어온 생생한 희망의 기록이기 때문입니다.

최경순 보좌관의 열정과 땀이 담긴 출간을 진심으로 축하합니다. 아울러 안양의 미래를 함께 고민해온 동지로서, 그의 새로운 도전을 굳건한 신뢰의 마음으로 응원합니다. 이 책이 안양의 내일을 밝히는 소중한 이정표가 되어, 많은 시민들에게 그의 진심이 전달되기를 간절히 기대합니다.

2026년 2월
국회의원 강득구

정치하는
엄마의 시작

정치하는 엄마들이 많지 않다.

여성 정치인의 수는 선거를 한 번씩 거칠 때마다 조금씩 늘고 있지만, 여전히 큰 단위 정치영역에서 여성 정치인의 수는 적다. '정치하는 엄마'는 더 적다. 더군다나, 정치하는 엄마가 자신의 개인적인 경험을 얘기하는 경우는 더욱이 많지 않다.

사람들은 사적인 가정의 얘기와 정치를 잘 엮어서 생각하지 않는다.

하지만 나의 정치는 딸들과의 대화에서 시작되었다고 해도 과언이 아니다. 엄마로 시작한 정치는, 내가 준정치인으로 공적 공간에 입성하기 훨씬 전부터 이루어졌다. 지금의 나를 이루는 철학, 내면의 근거, 정치하는 명분, 그리고 무엇보다 소통의 힘은 내가 딸들을 기르는 지난한 과정을 통해 만들어진 것이다.

딸들이 나를 성숙한 어른으로 성장시켰고, 딸들을 위한 엄마의 마음으로 시작한 지역 활동이 나를 정치로 이끌었다.

대학 시절 누구보다 열성적으로 학생운동을 했지만, 대학을 졸업하고 나서 사회운동으로 이어가지 못했다. 그 죄책감과 회한은 30대와 40대를 살면서 내 마음을 편치 못하게 했다. 생계가 발목을 잡았고, 결혼한 후에는 맞벌이로 가정의 생계를 함께 꾸려야 했다.

87년 12월 대선에서 불법선거감시단으로 서울 대현동을 누비고 다니던 날들, 내가 지지하던 김대중 대통령의 낙선은 얼마나 큰 충격이었던가! 그리고 97년 12월, 김대중 대통령의 당선이 확정되는 날, 나는 남편과 함께 펄쩍펄쩍 뛰며 대통령의 자택 앞에서 환호했었다. 해외에 있을 때 맞닥트린 나의 대통령 노무현의 죽음, 박근혜 탄핵을 외치며 어린 딸의 손을 잡고 누비고 다니던 광화문과 청와대 앞과 헌법재판소 앞. 이 모든 것이 나의 회한을 상쇄시켜주지는 못했었다.

누군가는 내가 책임져야 했던 두 딸들이 사회로 나가는 나의 발목을 잡았다고 생각할 수도 있지만, 아이러니하게도 정치를 시작할 수 있었던 것은 딸들 덕분이다.

엄마로서 딸이 재학하던 학교의 운영위원장이 되고, 엄마들끼리 아이들을 위한 교육활동을 뭐든 해보자며 생태동아리와 독서동아리를 만들고, 이를 시작으로 지역시민사회활동에 매진했으며, 국회 보좌관까지 되었다.

안양은 내가 35년간 산 곳이고, 내 딸들이 평생을 살아온 곳이다. 이곳에서 나는 정치를 하겠다고 선언했다. 마음의 회한 때문이 아니라, 내가 가진 가치와 외부에서 평가받은 능력, 그리고 무엇보다 딸들을 키우면서 장착한 소통의 힘을 공적영역에서 펼치고 싶은 마음을 품은 것이다.

'정치하는 엄마'로서의 삶은 여간 고된 것이 아니다. 준정치인으로 국회에서 일했던 약 6년의 시간은 가족과 딸들, 특히 나를 혹독하게 훈련시켰다.

아이를 낳고 온전한 워킹맘이 아니었던 적은 2년 정도를 빼고 없었다. 국회 보좌진의 생활은 단순한 워킹맘의 고민 그 이상의 숙제를 항상 주었다. 국회에서 일하면서 엄마와 정치인 중 선택해야 했던 잔인한 순간들이 수도 없이 많았다.

새벽 7시 30분 조찬 세미나에 맞춰 6시 전에 일어나고, 밤 11시가 넘어 퇴근하면, 딸은 무언가에 뿔이 나 있었다. 엄마로서 해주지 못한 것들이 미안하면서도, 눈이 자꾸 감겼다. 주말도, 휴일도 없는 엄마에게, 딸은 '언제 엄마랑 얘기할 수 있느냐'며 풀이 죽었었다. 두 가지 다 완벽하게 해낼 수 있으면 얼마나 좋을까.

더군다나 나는 감성보다 이성이 발달한 사람이다. 딸들은 엄마가 자신의 감정을 어루만져 주기를 바라지만 나는 항상 문제를 해결하려 들었다.

바깥일을 할 때는 장점인 나의 이런 특성이 가정에서는 특히, 내 딸들에게는 소용이 없는 경우가 허다했다. 그것이 딸들의 상처를 만들었다는 것을 깨달은 것은 오랜 시간이 지나서였다.

좋은 엄마와 훌륭한 정치인, 이 두 가지를 해내는 것은 몸이 두 개라도 힘들다. 하지만 엄마라는 정체성과 정치인이라는 정체성, 둘 중 하나만 없어도 지금의 내가 될 수 없다.

나는 아직 발돋움하는 정치인으로서도 여전히 부족하고, 엄마로서는 더더욱 부족하지만, 이 이야기는 정치하는 엄마로서 한 걸음 한 걸음 내디뎠던 어정의 이야기다. 이 책을 쓰면서 많이 망설였다. '명색이 정치를 하겠다는 사람이 이런 사적인 얘기들을 책으로 쓰는 것이 맞는가'라는 고민이었다. 그럼에도 불구하고 두 가지 이유로 이 책을 썼다.

정치는 하늘에서 뚝 떨어진 사람만 할 수 있는 것이 아니다. 모든 시민들이 나름의 방식으로 정치를 하고, 정치 현장에 뛰어드는 사람도 다양하다. 나처럼 평범한 사람도 얼마든지 시작할 수 있다. 다만, 공적인 마음, 그리고 공적영역에서 하고 싶은 바가 명확해야 한다.

사실 우리 주변에는 참 좋은 여성 정치인 자원들이 많이 있다. 비록 지금은 나서지 않더라도, 공적 마인드와 능력을 갖춘 여성은 나처럼 조금씩 조금씩 공적 영역으로 얼마든지 발을 내디딜 수 있다는 가능성을 보여주고 싶었다.

또 하나의 이유는 많은 엄마들과 따뜻한 공감을 나누고 싶은 욕심이다. 많은 엄마들이 자녀를 기르면서 나와 비슷한 실수들을 흔히 범한다. '아, 아이에게 가장 필요한 것은 마음을 알아주는 것이구나, 안정적인 마음의 울타리가 되어주면 되는 것이구나'라는 간단하면서도 결코 간단치 않은 육아의 원칙을 나누고 싶었다. 외동이 많은 시대다. 뿐만 아니라 소통이 부족한 시대다. 코로나19를 거치면서 우리 사회가 변해도 많이 변했다. 부모나 보호자가 자녀와의 소통이 단절되면 사회의 작지만 가장 중요한 정서적 연결망이 끊어져 버리게 된다. 그것만큼은 안 된다고 말하고 싶다.

딸들을 위해 무얼 더 잘할 수 있을까 고민하면서 시작한 정치다. 안양을 너무나 좋아하는 딸들은 내게 한 번씩 이렇게 말한

 정치하는 엄마의 고해성사 : 딸들이 바꾼 삶, 엄마가 하는 정치

다. "엄마, 나는 여기가 정말 좋아. 우리 평생 여기 있어야 해. 알 았지?"

내가 태어난 곳은 아니지만, 내 딸들을 낳고, 키운 곳, 언제든 내가 당당한 모습으로 딸들에게 내비쳐질 곳, 이곳 안양이 나는 참 좋다. 공적 공간에서 일한 내가 우리 미래세대가 살아갈 곳인 안양에서 내 공적 능력을 발휘하겠다고 결심한 후 담담하고 당당하게 써 내려간 이 책이 세대 간 소통의 통로가 되기를 간절히 바란다.

이 책은 정치하는 엄마의 고해성사이자 내 정치 미래의 청사진이다.
이 책을 사랑하는 남편과 두 딸에게 바친다.

2026년 1월
석수도서관에서

단순 × 100 엄마가 복잡 × 100 딸을 키우며
진짜 어른이 되어 갑니다.

엄마, 그래 갖고 정치할 수 있겠어?

01

딸을 통해
진짜 어른 되기

딸과 소통이 잘 되지 않을 때, 딸은 내게 이렇게 쏘아붙인다. "엄마, 그래갖고 정치하겠어? 딸하고도 소통이 안 되는데 어떻게 사람들하고 얘기를 한다는 거야?"

엄마인 나도 자식한테 한 번도 안해본 말을 딸은 나에게 보란 듯이 말한다. 그런데 이것이 누구보다 솔직한 아이의 진심임을 안다.

이 책은 감성보다 이성의 영역이 발달한, 그리고 무의식적인 자기방어가 강한 못난 엄마의 고해성사이다.

자식을 키우기 전까지는 남보다 못하지 않다고 여기고 살았었
다. 내 판단은 나름 합리적이라고 여기고 살았다. 남에게 싫은 소
리 들은 적도 거의 없다. 그렇게 살아온 사람이 엄마가 되어 두
딸을 키우면서 자식을 통해 평생 처음 해보는 고민으로 힘들어
하고, 자신이 얼마나 부족한 사람인지 뼈저리게 느끼고 있다.

나는 친구들, 하물며 남편과도 다툼이 생기면 서로 수십 년 다
르게 살아온 사람들이니 안 맞는 게 당연하거니 하고 부드럽게
넘길 때가 많다. 그런데 딸들과의 갈등에선, 그냥 넘기는 게 안
된다. 아니, 딸들이 넘어가게 놔두질 않는다.

딸과의 관계에선 처음으로 내가 '을'이 되는 기분이다. 누군가
가 나에게 마음의 문을 닫고, 관계에서 벽이 만들어지는 것을 한
번도 이토록 두려워한 적이 없으니 말이다. 딸들은 다듬어지지
않은 나의 단점과 결핍을 이 잡듯이 집어댄다. 그게 가끔은 못 견
디게 따갑지만, 그걸 그대로 놔두면 딸들과의 관계가 곪는다니
별수 있나.

딸들의 앞에선 멋진 어른 최경순뿐만 아니라, 미숙하기 그지없
어 안타깝기만 한 나의 모습도 보인다. 딸들은 엄마로서 잘못 대
처한 것들을 나열하고, 엄마가 바뀌어야 한다고 거세게 요구한
다. 내게 가차 없는 질타를 하고, 틈을 주지 않고 몰아붙인다. 정
신없는 공격에 넉아웃되어 누워 있을 틈도 주지 않는다.

‘자식을 키우는 부모는 자식을 통해 진짜 어른이 된다’는 말을 통감한다. 두 딸이 없었다면, 나는 비슷한 성향의 친구, 동료들과 세상을 얘기하고, 책에서 세상을 찾고, 남편과 뉴스를 보며 세상을 탓하는 우물 속 개구리로 남았을 것이다.

희한하리만치 우리 딸들은 나를 포기하지 않는다. 엄마 앞에서 입을 꾹 닫는 대신 지난 20년 남짓의 세월 동안 내가 더 나은 어른과 엄마가 될 때까지 자신의 마음을 들려주고, 나의 성장을 기다려주었다. 하늘이 내게 이 딸들을 주지 않았다면, 나는 여전히 단순하고 보고 싶은 것만 보는 미성숙한 어른으로 살았을지 모른다.

그러므로, 딸들은 나의 스승이다.

‘나’와 호흡하며 얻어낸 자양분을 가지고, 다시 ‘나’를 재탄생시키기 위해 지금도 애쓰는 딸들에게 진심 어린 고마움을 전하며, 이 책을 통해 우리가 앞으로 얼마나 멋진 인생을 살게 될 것인지를 말해주고 싶다. 딸들은 날 것의 ‘나’라는 인간이 보여주는 모습을 보고 자라면서 스스로의 힘을 더해 ‘나’의 부족함을 넘어선 훌륭한 어른으로 성장하고 있다. 이런 딸들과 함께 진짜 어른이 되어가고 있는 엄마의 마음을 전하고 싶다.

1장.

딸에게 바란 것, 알파걸

알파걸 엄마가 낳은 딸
가방 들어주지 않는 엄마
분홍색 옷 안 입히기
반장 선거 나가봐
명절이면 사라지는 알파걸의 이상
아빠에게 할 말을 다 하게 키워라
내가 그럴 자격이 있나
가장 훌륭한 표본, 엄마

알파걸 엄마가
낳은 딸

2000년대 후반 '알파걸'이라는 말이 유행했다. '최고'라는 의미의 그리스 문자 첫 글자인 알파(α)와 소녀(girl)를 합친 단어다. 정확히 내가 원하는 딸의 모습이었다.

딸이 태어난다는 것을 알았을 때, 나는 내 딸이 세상 앞에서 당당한 알파걸이 되기를 간절히 바랐다. 씩씩하고 거침없는 풍운아. 여자라는 이유로 주눅 들지 않고, 여자라서 이루지 못할 게 없는, 무엇보다 힘든 상황에서도 절대 굴하지 않는 리더.

어찌 보면 이상하기도 하다. 딸이 어려움을 겪지 않고 순탄하게 사는 삶을 바라는 게 아니라, 어려움을 수없이 견디고 헤쳐나가는 모습에 들뜬 로망을 품었으니 말이다. 생각해 보면, 딸에 대한 로망은 시대의 제약을 크게 받지 않고 알파걸로 살았던 나의 역사가 투영된 것이었다.

60-70년대에 여자가 대개 감내해야 했던 가부장적인 교육을 나는 집에서 크게 경험하지 않았다. 나는 3대 독자 아빠의 장녀였고, 세 살 터울의 남동생이 태어나기 전까지 온 집안의 사랑을 독차지했다. 넉넉한 집안은 아니었지만, 학업을 포기하고 두 동생들을 뒷바라지해야 하는 책임감을 가져야 할 정도는 아니었다. 삼남매 중 언제나 내가 제일 공부를 잘했고, 부모님의 기대도 나에게 몰렸다.

여중, 여고, 여대를 다녔던 나는 그것이 차라리 잘 되었다고 생각한다. 여자들만 있는 공간에서는 별로 거칠 것이 없었다. 사춘기 적에 남학생들을 의식하여 행동이나 말을 조심할 필요도 없었다. 여학생밖에 없으니 당연하지만, 학교 행사나 특별활동, 야영, 체육 시간 등 모든 활동에 여자가 앞장서서 이끌었다. 알파걸이 당연히 나올 수밖에 없는 환경이었다.

초중고 12년 동안, 나는 초등학교 1학년 때 전학으로 반장을 못한 것과, 고등학교 3학년 때 담임선생님이 알아서 학급성적 순으로 반장을 지정한 것을 제외하고 모두 반장 선거에 출마했고, 10년 동안 당당하게 반장으로 선출됐다. 지금 생각해도 나의 통솔력은 선생님들의 혀를 내두를 정도였는데, 학년이 바뀔 때 나를

 정치하는 엄마의 고해성사 : 딸들이 바꾼 삶, 엄마가 하는 정치

탐내서 학급으로 데려가고 싶어 하시는 선생님들도 계셨다.

솔직히, 나는 집에서의 어려움을 피해 학교생활에 탐닉했던 것 같다. 어린 시절 아빠가 하시는 사업은 번번이 잘 안되었는데, 집에 빨간 경매 딱지가 붙어있거나, 빚쟁이들이 갑자기 쳐들어오는 경우가 종종 있었다. 아버지는 아부라곤 모르는 올곧은 분이셨다. 이제 와 생각하면 하청 공장 사장님으로서 대기업으로부터 수주를 받는데 상당히 어려운 조건을 스스로 만들어내지 않았나 싶다. 그 시절에 나의 정신적 탈출구는 학교, 즉 공적 공간이었다. 학교에서는 내가 반짝이는 리더로의 생활을 할 수 있었고, 그것이 나를 지탱해 주었다.

여대에 진학해서는 더욱 거칠 것이 없었다. 행사도, 할 일도 더 많았고, 무엇보다 시대가 우리를 원하고 있었다. 80년대 후반에 나와 학우들은 현수막을 걸고, 무대를 설치하고, 사업을 꾸리고, 집회와 시위를 하고, 거리로 나갔다. 내가 여자라는 이유로 못 할 것은 아무것도 없었다.

운동권으로 보낸 대학 생활 후에 사회로 나갈 곳이 막혔을 때, 나는 집안 형편을 이유로 더 이상 사회운동을 하지 않았다. 내가 만약 대학을 졸업하고 기업에 들어갔다면, 아마 그곳에서 여자라는 이유로 어떤 식이든 차별이나 불합리한 대접을 받는 경우가 있었을지 모른다. 나는 입시학원에 터를 잡았으므로 적어도 성차별의 경험은 겪지 않았다.

나는 판사가 되고 싶었다. 내가 막연히 생각해낼 수 있었던, 소중한 사회적 정의를 구현할 수 있는 직업은 판사뿐이었다. 초등학교 때부터 고등학교 때까지 이 꿈은 한 번도 바뀌지 않았다. 그러나 고3이 되고 나서 뒤늦은 사춘기를 겪느라 고생하다가 문득 든 생각은 나의 10년 꿈을 철회시켰다. '인간이 어떻게 인간을 심판한단 말인가?' 딱 이 한 가지 질문. 나는 그에 대한 대답을 찾지 못했었다. 어린 날의 치기였을지 몰라도, 그 질문이 나의 꿈을 접게 했다.

내가 아무 주저함도 없이 무조건 내 딸이 강하고 멋진 알파걸이 되기를 바란 것은 나의 성장 경험, 그리고 접었던 꿈에 대한 향수 때문인 듯하다. 나는 내 딸이 나보다 더 씩씩하고 당당한 사람, 나보다 사회에서 더 큰 역할을 하는 사람이 되기를 진정으로 꿈꾸었다.

가방 들어주지
않는 엄마

첫째 딸을 임신했을 때, 딸인지 아들인지도 모르는 상황에서 나는 아이의 이름을 '민주'라고 결정했다. 남편도 부모님도 반대하지 않았다. 작명소를 찾아가야 하지 않느냐는 말 한마디 없이 흔쾌히 그렇게 하라고들 하셨다.

'민주'. 그때의 나도, 지금의 나도, 자녀의 이름을 지으라고 하면 망설임 없이 민주라고 지을 것이다. 내 청춘의 가장 치열하던 시절, 나와 내 시절을 관통하고 있던 중심어. 그건 분명히 '민주'였다.

딸의 이름 '민주'의 한자는 '옥돌 민', '기둥 주', 민주이다. 단단하고 강한 사람으로, 어려운 세상에 흔들리지 않는 기둥이 되라는 마음을 담아 내가 직접 지었다.

나는 딸이 강한 사람이기를 바랐다. 유치원을 다닐 때부터 고등학교를 졸업할 때까지 한 번도 딸의 책가방을 들어준 적이 없다. 딸이 가방이 무겁다고 하면, 나는 이렇게 말하곤 했다.

"민주야, 이건 네 인생의 무게야. 네가 들어야 하는 거야."

참 정나미 떨어지는 엄마였다. 아마 장녀라서 그것이 가능했는지도 모른다. 솔직히, 둘째 딸에게도 똑같은 마음이었지만, 둘째의 가방은 잘도 들어주었으니까.

큰딸은 한 번도 그 말에 토를 달지 않다 수험생 때 처음으로 가방이 너무 무겁다며 투정을 부렸다. 처음으로 딸의 가방을 들어주면서, 무겁게 왜 책을 다 들고 다니냐고 타박했다. 정말 무겁긴 했다. 사실, 자식의 인생의 짐을 부모가 함께 들어주지 않으면 누가 들어주겠나 싶어 그동안의 매정함이 겸연쩍었다.

 정치하는 엄마의 고해성사 : 딸들이 바꾼 삶, 엄마가 하는 정치

분홍색 옷
안 입히기

나는 딸을 예쁘게 키우는 것이 아니라 멋지게 키우고 싶다는 생각이 강했다. 그래서 강박적으로, 그 흔한 분홍색 치마 한번 입히지 않았다. 유아복 중에 노란색과 연두색이 트레이드 마크인 메이커가 있는데, 나는 그 옷이 너무 좋았다. '톰보이'스러운 셔츠에 반바지. 딸을 차려 입힐 때면 늘 그렇게 입혔다.

초등학교 2학년 때였다. 학교 학예회에서 딸이 대표로 사회를 보게 되었다. 새로 산 자켓에 셔츠, 반바지를 입혀 학교에 보냈다. 학예회 시간에 맞춰 강당에 갔더니 같은 반 엄마들이 급하게 나를 찾았다. "언니, 왜 민주 옷을 이렇게 입혔어요. 집에 드레스 없어? 내가 혹시나 해서 언니 오기 전에 다른 엄마한테 드레스 가져와달라고 했으니까 얼른 갈아입혀요."

순간 상황을 이해하느라 시간이 좀 걸렸다. 이런 학예회, 그것도 강당에서 대표로 사회를 보는 건데, 남자아이는 정장, 여자아이는 예쁜 드레스를 입히는 것이 당연스러웠던 것이다. 다른 엄마가 급하게 가져온 하얀 쉬폰 드레스를 본 딸의 눈이 반짝였다. 딸은 그날 책이나 영화에서만 보던 공주님 드레스를 난생 처음 입어보았다.

지금도 딸은 어릴 적 앨범을 보면서 꼭 한소리를 한다. 대체 왜 자기한테 예쁜 옷을 입히지 않았느냐고 말이다. 성인이 된 지금도 길을 걷다가 공주풍의 드레스나 소품을 보면 눈이 돌아간다. 그러면서, 자기는 이다음에 딸을 낳으면 꼭 예쁜 옷을 많이 사 입힐 거라고 한다.

글쎄다. 내 손녀는 자기 엄마의 공주풍 옷을 입으며 자란 후에, 또 이렇게 말할지 모른다. '내가 엄마의 옷 취향 때문에 치마 입고 다니느라 얼마나 불편했는지 아느냐고. 자기는 딸을 낳으면 무조건 편한 옷을 사 입힐 거라고' 말이다.

톰보이처럼 입히면 톰보이가 될 줄 알았는데, 딸은 대학에 가더니 원피스와 샤랄라한 블라우스, 짧은 치마만 왕창 샀다. 옷 취향이 알파걸을 결정짓는 건 아닌데, 알파걸에 대한 나의 강박이 딸의 작지만 단단한 결핍이 된 셈이다.

반장선거
나가봐

반장 선거, 학생회장 선거철마다 나는 딸에게 선거에 나가보라고 은근히 권했다. 딸은 반장 선거에 나가는 것에 항상 시큰둥했다.

늘 반장으로 불렸던 내 어린 시절을 생각하면 참 이해가 안 가는 부분이었다. 리더십을 타고난 사람도 있으나, 보통은 자리가 사람을 만들지 않나? 자리를 통해 경륜이 쌓이고, 다른 사람보다 해볼 수 있는 일의 영역이 커지게 된다고 생각한 나는 딸이 그 경험을 누리기를 바랐다. 그런데 요지부동이었다. 어쩔 수 없었다.

그러다가 6학년이 되어, 이변이 일어났다. 초등학교 6학년 1학기 반장 선거에 딸이 나갔다는 것이다. 왜 갑자기 반장을 할 생각이 들었냐고 물으니, 이렇게 답했다.

"나도 사실 한번 해보고 싶었어. 원래 반장 선거하면 형식상 자원할 사람 있냐고 선생님이 묻거든. 그러면 자원자는 절대 안 나오고, 친구들이 추천해주는 애들끼리 투표해. 근데 나는 학교에 새로 와서 추천해줄 친구도 없고. 그래서 이번엔 선생님이 반장 하고 싶은 사람 손 들라고 했을 때, 그냥 손 들었어."

딸은 최초로 반장 선거에 손을 들었고, 몇 표 차이로 아깝게 떨어졌다. 자원자가 있냐는 선생님의 물음에 아이들이 서로 쳐다보며 눈치만 보는 쭈뼛쭈뼛한 분위기가 어떨지 상상이 갔다. 딸이 외국에 있다가 오랜만의 한국 학교생활을 다시 시작하는 학기였다. 선거에 떨어진 것보다, 친구도 미처 사귀지 못한 딸이 그 적막을 뚫고 손을 들었다는 게 미칠 듯이 뿌듯했다. 그리고 신기했다. 아, 이렇게 알아서 하게 되는 거구나. 내가 조바심 낼 필요가 없구나. 그러면서 큰딸 1학년 때 첫 학부모 총회 생각이 나서 웃음이 났다.

그 엄마에 그 딸이네…

딸이 초등학교에 들어가고 첫 학부모 총회 전날이었다. 내가 처음 학교에 가는 것처럼 설레기도 하고, 총회에 가서 뭘 해야 하는 건지 전혀 몰라 걱정도 되었다. 심지어 당시만 해도, 학부모 촌지가 완전히 근절되는 끝물 무렵이었다. 별의별 걱정이 다 들었다.

 정치하는 엄마의 고해성사 딸들이 바꾼 삶, 엄마가 하는 정치

밤에 퇴근한 남편이 심각하게 말했다.

"회사에서 얘기를 들었는데 말이야. 맞벌이 부부는 학교에 대한 정보가 전혀 없어서 그게 문제란다. 그래서 말인데, 학부모 총회 가면 학부모 반 대표라는 걸 뽑는대. 거기 가서 무조건 학부모 반대표 하고 와야 해. 알았지?"

초보 엄마 아빠로서 우리는 그날 밤에 나름 의기투합했다.

다음 날, 학부모 총회의 마지막 순서로 담임 선생님은, 학부모 반대표 두 분이 있어야 한다고 하셨다. 그 말이 끝나기가 무섭게 나는 번쩍 손을 들었다.

"제가 하겠습니다."

순간 웅성웅성하는 소리가 났고 연이어 다른 학부모가 손을 들었다. 보통 1학년 첫 총회 자리에서는 다른 사람의 추천으로, 학부모 대표 경험이 있는 엄마가 되는 게 관행이라는 말을 나중에 들었다. 아마 다들 나 때문에 당황했을 것이다.

주변 상황을 재거나 눈치 보지 않고 그냥 하는 것이 나의 오랜 주특기다. 이번에도, 그저 학부모 반대표가 돼야 한다는 생각에서 손을 들었다. 그때의 나처럼 6학년 딸아이도, 이번을 놓치면 초등학교에서 임원을 못 해본다는 생각에 손을 들었던 거다.

필요하면 다 하게 되어 있다. 평상시에 필요한 것을 얻을 힘과 용기만 길러주면 된다. 다만 언제 할지는, 스스로가 정해야 한다.

나는 딸이 언제든, 무슨 일이든 일단 앞으로 나서는 사람이 되었으면 했지만, 그건 순전히 내 욕심이었다. 딸은 나처럼 물불 안 가리고 나서기보다는, 자신이 무엇을 원하는지, 마음의 소리에 집중할 줄 알았다. 중고등학교 시절에도 학생회장에 나가봐라, 동아리 활동을 더 적극적으로 해봐라 권했지만, 철저히 본인이 마음속에서 진심으로 원할 때만 움직이곤 했다. 어떨 때는 나보다 훨씬 신중하고 소극적인 모습에 홀로 끌탕을 한 적도 있지만, 딸은 자신의 속도대로 움직였다.

명절이면 사라지는
알파걸의 이상

딸이 가정에 묶여서 자신이 하고 싶은 바를 제대로 펼치지 못하는 여성이 되기를 원치 않았다. 그러려면 우리 가정의 일상에서 그 기본을 보여주었어야 맞다. 말만 하는 것이 아니라, 작은 일상에서부터 알파걸을 체화시켰어야 했다.

그런데 정작 내 모습이나 부모님들과의 관계에서는 그것을 온전히 실현하지 못했다. 특히나 명절 때면, 시댁 부모님들에게 온전히 괜찮은 며느리고 싶은 마음이 강하게 일었다. 남편이 시댁에서 부리는 웬만한 허세를 다 받아주었다. 시댁의 삼 형제 중에서 유일하게 서울에 거주하는 둘째 아들 내외가 적어도 명절이 되면 제일 먼저 찾아오고 제일 늦게 가는 자식의 모습으로 시부모님의 마음을 편하게 해 드리고 싶었다. 친정이 가까이에 있어

평소에 자주 뵙긴 했지만, 명절이면 5:5의 비율이 아닌 6:4, 심할 때 7:3의 비율로 친정보다 시댁에 더 오래 머물렀다.

가만히 생각해 보면, 그건 며느리로서, 여자로서 당연히 그래야 한다는 고정관념 때문이라기보단 시댁에 대한 오랜 고마움이 작용한 것이었다. 결혼하면서 내 친정이나 나의 경제적 상황이 그다지 좋지 않아서 예물, 예단, 결혼 혼수 등 아무것도 준비된 것 없이 결혼하게 되었을 때, 남편은 물론 시부모님은 단 한마디도 하지 않으셨다. 오히려 부엌 살림살이를 남대문 혼수시장에 함께 가서 사주셨고, 시댁 친척들에게 혹여라도 내가 흠이 잡힐까 봐 아예 예단을 직접 사 놓으시고 며느리가 사준 것이라고 말씀하셨다. 사랑과 전쟁에 흔히 등장하는 그런 소재거리와는 완전히 달랐다. 온전히 나 하나만을 생각해 주셨다.

힘들게 지금의 일가를 꾸려오신 시부모님께 일 년에 거의 두 번밖에 못 내려가는 명절에 가서 이렇다 저렇다 말 하고 싶은 마음이 전혀 없었다. 심지어, 딸들에게도 평상시와는 완전히 다른 말을 해댔다. "할머니댁에 가면, 설거지도 좀 돕고, 방도 청소하고 해. 얌전하고 공손하게. 알았지?"

시댁이라는 곳에서 나와 내 아이들이 공손해 보이고 싶은 욕망이 솟구쳐 딸들과 부딪힐 때마다, 딸들은 평소와 다른 나의 모순적인 모습을 봐주지 않고 가차 없이 지적했다.

하루는 긴 명절 중에 며느리들이 조카들을 모두 데리고 영화

 정치하는 엄마의 고해성사 딸들이 바꾼 삶, 엄마가 하는 정치

를 보러 가기로 했다. 조카들은 전부 준비가 끝났는데, 큰며느리인 형님과 나는 점심 설거지를 하느라 부엌을 떠나지 못했다. 딸은 남편과 아주버님에게 대신 집안일을 넘기지 못하는 우리에게 대놓고 짜증을 냈다. 심지어는 집으로 돌아오는 길에, "나는 절대 시골에 와서 일을 하지 않을 거야."라고 선언했다.

그 후부터는 큰집 조카딸도 이에 동참하더니 일을 해야 하면 큰집의 아들 조카들이 먼저 나선다. 아직 부엌일을 남편들과 나누는 것까지는 달성되지 않았지만, 조카들은 방 치우고 쓰레기 버리고, 심부름하는 것을 나눠서 한다. 나의 세대에서, 내가 바꾸지 못한 것을 내 딸과 조카들은 지켜나가고 있다. 나보다 낫다.

아빠에게 할 말을
다 하게 키웠어야 했건만

내가 항상 딸들 엄마에게 주장하는 지론이 있다.

'가정에서 아빠에게 부당하다고 생각되는 것을 당당하게 말할 수 있는 딸이, 밖에서 당하는 부당함에도 정면으로 맞설 수 있다.'

이건 진리다. 보통 남자아이들은 '자신감 있게, 큰 목소리로, 안 돼도 밀어붙이는 식의 군인 정신'을 교육받는다. 반면에 여자아이들은 '예의 바르게, 주변을 배려하며, 논리정연하게 행동하라'고 교육받지 않나. 옛날처럼 현모양처를 교육하지도 않고, 그것을 원하는 여자아이들도 거의 없지만, 여전히 이런 '착한 사람'

교육이 이루어진다.

　그러다 보니, 직장에서 나이 많은 상사의 부당한 지시나, 동료들과의 불합리한 상황 전개에서 여자들이 생각을 명확히 밝히거나 밀어붙이는 경우가 남자들보다 훨씬 적은 것 같다.

　남편은 나무랄 데 없이 훌륭한 사람이다. 딱 두 가지를 빼고 말이다. 하나는 목소리가 평균 이상으로 크다는 것이다. 기분이 좋아도, 농담을 해도 목소리가 크다. 화가 날 때 또한 당연히 목소리가 크다. 적어도 몇 년 전까지는 그랬다. 다른 하나는 화나는 순간에 그냥 넘어가질 못한다는 것이다. 불의를 보면 참지 못하고, 해야 할 말은 무슨 상황이 있어도 하는 사람이다. 화가 난 순간에 목소리까지 크다보니 딸들 입장에서는 당연히 과하게 느껴질 때가 있다.

　큰딸은 아빠를 이렇게 표현한다, 진짜 멋진 사람이라 한방에 엄청난 점수를 따는데, 잔잔바리로 1점씩 다 까먹는다고 말이다. 마음이 여린 큰딸은 어렸을 때부터 아빠에게 무의식적으로 주눅이 들어있었다고 한다.

　초등학교 저학년 때, 저녁 시간에 아빠가 자기가 풀던 수학 문제집을 쳐다보다가 연필로 머리를 한 대 톡 때리면서 "이것도 몰라?"라고 한 적이 있다고 한다. 그로부터 몇 년 후 딸들과 호주에 잠깐 살 때, 아빠가 온다고 하니 딸이 대뜸 한다는 소리가 뜻밖이었다. "내가 풀었던 수학 문제집 절대로 아빠한테 보여주면 안 돼. 알았지?". 몇 년이 지나서도, 그 일이 딸의 가슴에 박힌 것이다. 남편에게 나중에 이 일을 얘기했는데, 남편은 헛웃음을 지었다.

"아니, 쉬운 문제를 틀렸길래... 그냥 지우개 달린 연필 끝으로 콩 하고 살짝 건드린 건데, 그걸 그렇게 말한단 말이야?"

이럴 정도니 아빠와 딸의 입장 차이가 크다.

강한 트리플 B형의 남편과 역시 강한 트리플 B형의 두 딸 사이에서 나는 이러지도 못하고 저러지도 못하는 경우가 많았다. 나는 아주 긍정적이고 단순한 트리플 O형이다. 공적인 관계에서는 할 말 다 하고 사는 내가 유독 남편과 아이들 사이에서는 그게 잘 안된다.

"언니는 세 마리의 늑대 속에 있는 한 마리 임팔라인 거에요." 동네 후배가 내게 이렇게 얘기한 적이 있을 정도다.

딸과 남편이 부딪힐 때, 나의 중재가 효과가 없을 때, 나는 온전히 아이의 편을 들지 못했다. 사실 부모와 딸의 갈등이 뭐 엄청난 일로 벌어지는 건 아니다보니, 어느 한쪽의 잘못이라고 얘기하기 힘든 경우가 많았다. 서로의 가치관과 생각 차이로 부딪히는 경우가 대부분이고, 도덕적으로 받아들여지지 않는 일로 부딪히는 것도 아니기 때문이다. 그럼에도 갈등 해결 방식이나 서로를 대하는 태도가 어긋하면 상처로 남는다. 특히 아빠와 딸이 동등한 관계가 아니라는 점을 생각할 때, 맞고 틀리고를 떠나서 일단 큰 소리로 밀어붙이는 아빠에게 아무리 강한 성격이더라도 10대 딸이 기죽는 건 당연하다.

당시를 생각해 보면, 나도 남편도 큰딸을 너무 어른 취급한 것 같다. 큰딸에게는 아주 어릴 적부터 말도 어른처럼, 행동도 어른처럼 대했다. 보통 장녀나 장남을 볼 때 부모가 느끼는 믿음직스러움이 과하게 투영되지 않았나 싶다. 남편은 큰딸과는 후배쯤 되는 연배와 토론하듯 동등한 자세로 얘기했지만, 작은딸에게는 귀여운 막둥이의 투정을 받아주는 자세였다.

그 결과 형성된 큰딸과 작은딸의 성향 차이는 이런 거다. 어릴 때 잘못해서 혼이 날 때, 큰딸에게 벽을 보고 손을 들고 있으라고 하면, 큰딸은 아무 소리 안 하고 땀을 뻘뻘 흘리며 손을 들고 있었다. 저 정도로 참는다고? 할 정도로 손을 들고 있었다.

둘째는 아니다. 손을 든 지 한 10초가 지나면 온몸을 꼬더니 슬쩍 뒤를 보며 잘못했다고 울었다. 그 모습이 너무 웃겨 오래 갈 수가 없었다.

참 다른 처세술이다. 혼이 난 후에, 안아줄라치면, 혼내고 왜 안아주는 거냐면서 싫다고 하는 큰딸이었고, 안아달라고 팔을 벌리면서 뛰어오는 작은딸이었다.

사춘기에 접어들면서 큰딸은 아빠 앞에서 입을 꾹 다물기 시작했다. 나의 지론과 정반대로, 아빠 앞에서 불합리한 일은커녕 아무 말도 안 하는 딸이 된 것이다. 남편이 중년의 문턱을 지나 불같은 성정이 사그라들 때까지, 딸이 사춘기를 지나 부모를 너그럽게 품어줄 때까지, 오랜 시간이 걸렸다.

딸에게 상처로 남은 부분은 엄마인 내가 큰소리를 내는 아빠의 잘못된 태도를 지적하지 않고, 자신을 온전히 감싸지 않았다는 것이었다. 이 상처를 인지하고 내가 대처하기 시작한 것은 딸이 고등학교에 들어간 후였던 것 같다. 늦은 감이 있었다.

나는 늑대들 사이에서 임팔라로 남을 게 아니라, 사자가 되었어야 했다. 복잡하게 설명하는 것이 아니라 간단히 상황에 대한 정의를 내렸어야 했다.

'가족 간에는 조용한 대화로 못 풀 것이 없노라고. 그러니 모두 여기 앉아서 자신의 생각을 천천히, 차분히 얘기하라'고 말했어야 했다.

이 점을 정확히 전달했어야 했다. 그것을 깨닫고 나니 딸들이 다 커 버렸다.

딸들이 성인이 되고 나서는 큰딸이 조금만 짜증을 내도, 남편이 금방 꼬리를 내린다. 웃음이 나올 정도로 관계가 역전되었다. 남편도 본인이 과거에 잘못한 것을 아는 것이다, 때론 자기도 심

 정치하는 엄마의 고해성사 : 딸들이 바꾼 삶, 엄마가 하는 정치

정적으로 억울할 때가 있겠지만, 그냥 참는 것이다. 어른이고 부모니까.

내가
그럴 자격이 있나

　딸이 대학교 1학년 가을에 고민을 털어놓은 적이 있다. 자기는 중고등학교 시절에 학급 임원을 추천받으면, 제일 먼저 드는 생각이 '내가 그럴 자격이 있나'였다고 한다. 너무 '나대면' 애들이 재수 없게 볼까봐 걱정하기도 했다고 한다. 그때는 내가 아무리 선거에 나가보라고 해도 그저 관심이 없어서 시큰둥한 줄 알았는데, 속으로 그런 고민을 하는 줄은 꿈에도 몰랐다.

　대학교 첫 여름방학을 지나며 선배들이 딸에게 2학년이 되면 과 학생회장을 해보라고 권했다. 역시 마찬가지로 같은 생각이 제일 먼저 들었다고 한다. 나보다 더 잘할 수 있는 사람이 있지 않을까, 내가 자격이 될까를 방학 내내 고민했다.

그런데, 다른 과에서 자신과 비슷하게 학생회장을 나갈까 고민하던 한 남자 동기가 대화 중 이렇게 말했다는 것이다. "나 정도면 할 수 있지 않을까?"

딸은 이 말을 들은 후, 다른 동기, 선후배들과 많은 대화를 나눴다고 한다.

서울대에 들어올 정도면 나름 모두 자기 잘난 맛에 살던 학생들이었을 것이다. 그런데 많은 경우, 여학생들은 같은 상황에 자기와 같은 생각을 하고, 남학생들은 '나 정도면 괜찮지'라는 반응을 보인다고 했다.

학창시절, 딸은 본인이 튀면 어떡하나 하는 두려움을 달고 살았다고 한다. 호주 유학을 하고 돌아온 초등학교 시절에는 호주식 발음을 티내지 않기 위해 일부러 'r' 발음을 굴리며 미국식 발음으로 영어 발표를 했고, 늘 전교 1-2등을 하던 중고등학교 시절에는 친구들이 재수 없게 볼까 봐 평소에 절대 '똑똑한 척', '아는 척'을 하지 않으려 노력했다고 한다. 학창 시절에는 자신이 겸손하다 정도로 생각했는데, 서울대에서 만난 여학생들 중 자신과 비슷한 성향이 많다는 것을 느끼고 딸은 꽤나 충격받았던 것 같다. 여자라서 거리낄 게 없는 딸로 키우고 싶었는데, 여중·여고·여대에 나온 엄마로선 '공부 잘하는 여학생'이 느끼는 미묘하고 특수한 자기 검열과 겸손의 압박이 낯설었다.

딸은 2학기 내내 고민하더니 결국 학생회장 선거에 나갔고 그해 일 년을 학생회 활동에 쏟았다. 초중고에서 반장선거도 나가지 않던 애가 대학에서 학생회장 선거에 나간다고 해서 깜짝 놀랐다. 자신감 넘치고, 행복해 보였다. 자기가 하고자 하는 일에 매진하는 모습이 참 좋아 보였다.

우리 사회의 여성 정치인 수는 선거를 한 번 거칠 때마다 조금씩 늘고 있지만, 여전히 큰 단위 정치영역에서의 여성 정치인의 수는 적다. 안양만 해도 현재 시의회의 여성 정치인은 52%로 남녀 동수 비율에 근접했지만, 경기도의회의 여성의원 비율은 약 22%, 22대 국회는 여전히 20%에 머물고 있다.

뉴스에서 각 정당의 지도부가 회의를 하거나, 부처 국무위원회의를 하는 장면을 보면, 여성의 수가 확연히 적다. 사회적으로 분명 뚜렷한 변화는 진행되고 있지만 유리천장이 완전히 깨질 때까지는 아직 시간이 걸리는 것이 분명하다.

남성과 여성의 차이를 모두 충족시키는 사회여야 한다는 원론적인 이유 말고, 여성이든 남성이든, 자신이 원하는 곳에서 높은 자리까지 올라가는 데 아무 장애가 없고, 여성 정치인과 남성 정치인의 능력 차도 전혀 없다는 생각이 기본적으로 더 확산되어야 한다. 무엇보다, 더 당당하게 공적 영역에 나서는 여성 정치인이 많아져야 한다.

 정치하는 엄마의 고해성사 : 딸들이 바꾼 삶, 엄마가 하는 정치

가장 훌륭한 표본,
엄마

처음 정치를 시작하겠다고 마음먹었을 때, 사실 한편으론 겁이 났다. 엄마로서 가정에서도 제대로 역할을 못하고 있는 것 같은데 어떻게 정치를 하겠다는 건가? 내면의 나는 자신이 없기도 했다. 딸들과도 소통이 부족한데, 어떻게 많은 시민들과 소통을 할 수 있을까? 늘 바깥에 있었던 엄마가 훨씬 더 바빠질 거라는 죄책감, 엄마가 못해 준 것에 대한 부족함이 나중에 딸들의 결핍과 원망이 될지도 모른다는 두려움이 몰려왔다.

수능이 끝난 큰딸을 따로 불렀다. 석수동의 한 갈빗집에서 밥을 먹으면서, 엄마가 정치를 하려고 하는데 어떻게 생각하느냐고 고백했다. 집게를 든 내 손이 티나지 않게, 조금 떨려왔다.

"엄마, 멋있어. 엄마로서도 멋있고, 같은 여자로서도 멋있어. 엄마 나는, 아직 아무 일도 이루지 못했으면서도 벌써부터 실패할까 봐 겁이 나. 그런데 엄마는 50이라는 나이에 전혀 가보지 않은 길을 가겠다는 거잖아. 그게 나한테 얼마나 힘이 되는지 몰라. 엄마, 힘들어도 꼭 해야 해. 알았지?"

딸의 응원에 나도 모르게 눈물이 났다.

나는 내 딸들을 알파걸로 키우고 싶었다. 그런 딸이 가장 감명을 받은 것은 내가 입힌 톰보이 옷도, 읽힌 위인전도, 내가 시켰던 것들도 아닌, 엄마 이전에 여자로서의 나를 지켜보는 것이었다. 딸이 아닌 나부터 당당하게 말하고, 내가 가고 싶은 길을 씩씩하게 가는 것이 딸들에게 줄 수 있는 가장 훌륭한 표본이었다. 이것이 딸들을 알파걸로 키우는 가장 좋은 양육 방식이었다는 걸, 오십 줄이 넘어서 처음으로 가고 싶은 길 앞에 발을 내딛는 순간 깨달았다.

2장.

딸에게 주지 못한 것,
안정감

어린 마음의 정착지 찾기
워킹맘의 고뇌
멀더와 스컬리
"내가 알아서 해"
사고가 나도 그냥 GO

어린 마음의
정착지 찾기

나는 큰딸이 3학년 때까지 입시학원과 과외에서 영어 강사로 일했다. 소위 말하는 운동권이었던 내가, 대학을 졸업하고 사회에 발을 디디는 것은 어려웠다. 앞에서 언급했듯이 나는 집안 형편을 이유 삼아 더 이상 사회운동을 하지 않았다, 그렇다고 새로운 나의 길을 개척하기 위해 공부에 매진하지도 않았다.

나는 초등학교 5학년 때부터 아침 일찍 나와 민원 버스를 타고 왕복 3시간이 넘는 곳으로 학교에 다니기 시작한 것부터, 집안이 시끄러워 스스로를 방어하기 위해 학교생활에 몰두하면서 힘을 다 뺀 것, 대학에서 등록금을 걱정하며 장거리 알바를 하고, 그 암울하던 80년대에 최루탄 냄새를 맡으며 거리를 누비던 것까지. 나는 좀 일찍 번아웃이 온 것 같기도 하다.

대학을 졸업하고 내가 정착한 일은 입시학원 영어 강사였다. 나는 이 일이 참 좋았다. 아이들과 호흡하는 것이 좋았고, 내가 주는 진심을 아이들도 알아주는 것도 좋았다. 내 엄마는 내 고등학교 시절, 입시 얘기만 나오면 교대나 사범대에 들어가라고 하셨다. 그저 흘려들은 말이었는데, 강사 일이 어찌나 적성에 맞던지. 엄마의 말씀을 따를 걸 그랬나 하고 후회할 정도였다.

그렇지만, 학원 일은 주로 늦은 밤이 되어야 끝났기 때문에, 내가 딸을 볼 수 있는 시간은 평일 학교 가기 전 아침과 토요일 오후 그리고 일요일 정도였다. 아이가 3살 때까지는 친정 부모님이 평일 내내 딸을 돌봐 주셨고, 토요일 오후와 일요일에만 우리 부부가 집으로 데려왔다. 그러다가 딸과 함께 하는 시간이 너무 부족하다 싶어 부모님의 반대에도 불구하고 우리 집으로 완전히 데려왔다. 그리고는 한 일 년쯤, 내가 사는 같은 아파트 이웃에게 아이를 맡기기도 했다. 밤에 남편이 데리고 오고, 다음날 내가 출근하면서 데려다주는 식이었다.

맡아주던 이웃은 우리 딸보다 한 살 더 많은 아들을 키우던 집이었다, 그러던 어느 날, 참 잘해 주셔서 너무 감사하다고 생각하던 터에, 딸이 절대 가지 않겠다고 울며불며 난리가 났다. 아무리 달래도 소용이 없었다. 작은 몸을 억지로 안고 이웃에게 맡겼다. 그 이웃도 영문을 알지 못해 당황했다. 아이는 이유도 없이 울었고, 나는 아직도 그 난감함을 기억한다. 시간이 지나고 그때 일을 물었을 때, 딸은 이렇게 대답했다.

 정치하는 엄마의 고해성사 : 딸들이 바꾼 삶, 엄마가 하는 정치

"나도 그때 기억이 나. 내가 그 집에서 좋아하던 인형이 있었는데, 그 오빠가 갑자기 자기 거라고 만지지도 못하게 하고는 나보고 가라고 했어. 오지 말라고."

아마 그 아이도 자신의 엄마가 다른 아이에게 잘 대해주니까 샘이 났던 듯하다. 어쨌든 그 이후로 딸아이를 다른 사람에게 맡기는 것이 힘들어졌다.

선택지는 하나였다. 딸이 5살이 될 무렵 친정 바로 옆으로 이사를 왔다. 친정에 종일 딸을 맡겼다가 밤에 남편이 우리 집으로 데려오고, 다음날 오전에 내가 딸을 유치원에 데려다주었다. 사실 자는 것만 우리 집에서 잔다 뿐이지 오랜 기간 할머니댁에서 산 셈이다.

대부분의 워킹맘들이 갖는 죄책감과 불안감이 있다. 내가 원하는 방식이 아니라 조부모님들의 방식으로 아이를 마냥 받아주다가 응석받이로 자라는 것은 아닐까 하는 걱정이 그 중 하나다. 남편도 이런 생각을 나와 비슷하게 하고 있었다.

하루는 남편이 퇴근 후 친정으로 딸을 데리러 갔는데, 딸이 가지 않겠다고 안간힘을 다해 버텼다고 한다. 남편은 딸에게 계속 가자고 보챘고, 딸은 급기야 할아버지에게 안겨 옷깃을 붙잡으며 떠나갈 듯이 울었다고 한다. 억지로 집으로 데리고 오면서 남편은 딸을 혼냈다. 이것이 얼마나 잘못된 생각이고 행동이었는지를 깨달은 것이, 그로부터 20년이 훨씬 지난 후였으니 정말 빵점짜리 부모가 맞다.

그땐 어떻게든 딸과 조금이라도 많은 시간을 보내야 한다는 강박이 앞섰지만, 어린 딸의 입장에선 종일 할머니 할아버지와 같이 있다가 갑자기 밤이 되면 다른 곳으로 옮겨야 한다는 게 얼마나 낯설고 불편했을까. 더군다나 친정 부모님과 우리 부부의 다른 양육 태도는 딸을 더욱 혼란스럽게 했을 것이다. 부모님은 딸이 무얼 해도 웬만큼 내버려 두었고, 무한한 격려와 지지를 쏟아 부으셨다. 우리는 우리가 없는 사이에 아이가 엉클어질지 모른다는 불안감에 딸에게 규칙과 훈육을 내세웠다.

물론 우리가 딸을 엄하게만 기르려고 한 것은 아니다. 나도 남편도 잠을 줄이고 시간을 쪼개며 딸과 시간을 보내기 위해 최선을 다했고, 하나뿐인 첫 딸에게 애지중지 헌신을 쏟았다. 그럼에도 불구하고, 우리는 딸에게 충분한 안정감을 주지 못했다. 내가 딸이 응석받이로 자랄까 봐 걱정하는 사이에, 정말 다행히도 친정 부모님은 딸에게 우리가 주지 못한 안정감을 주셨다. 아직도 딸과 친정 부모님 사이가 유달리 각별하다.

많은 초보 맞벌이 부모가 겪는 숙제를 우리도 겪었다. 그 숙제를 잘 해냈는지는 나도 모르겠다. 다만, 그때는 그것이 최선이라고 믿었다.

워킹맘의
고뇌

내가 직장을 다니는 것은 너무나 당연하고 필요한 일이었다. 나 스스로도 일하기를 원했고, 맞벌이가 꼭 필요한 상황이기도 했다.

남편의 일도, 나의 일도 항상 +@가 필요한 일이었다. 남편은 금융회사에서도 특수한 업무를 담당하고 있었는데, 그 일의 성과를 내기 위해서는 영업능력이 필수였다. 9 to 6 정시 출퇴근과는 거리가 멀었다.

나 역시 마찬가지였다. 항상 학생들의 시험이 중심이었다. 시험은 참 자주도 왔다. 시험 때가 되면 보충에 더 보충, 주말도 없었다. 학기 중에는 그나마 아침 출근을 안 해도 되지만, 오히려 방학이 되면 아침부터 저녁까지 방학 보충이 있었다. 오히려 방학이 되면 아이와 더 시간을 가질 수 없게 되었다.

 나는 나름 유능한 선생님이었다. 아이들도 나를 참 좋아했다. 나는 수업 중에 내가 내뱉은 말과 과제를 철저히 챙겼다. 학생들이 그 순간을 집중하게 만들었고, 정해진 시간에 못한 과제는 무조건 남아서 해결하게 했다. 간혹 도망가는 학생들도 있었다. 그럼 나는 쫓아갔다. 도망가는 학생을 쫓아서 버스정류장 하나를 뛰어간 적도 있다. 나는 일에 최선을 다했다. 그렇게 일하는 것이 좋았다. 그러다가도 아이의 상황이나 집안의 상황을 잊어버리게 되는 순간, 내게 찾아오는 죄책감이 참 싫었다.
 남편은 남편대로, 나는 나대로, 아이는 아이대로 각자도생이었다. 그렇게 집에 돌아오면 진이 빠졌다. 내내 수업으로 말을 쉬지 않고 쏟아내다 돌아오면, 더더욱 말이 하기 싫어졌다. 바깥일과 육아, 집안일 사이의 저글링에 진이 빠졌다. 이것이 어디 나만의 문제랴. 그때나 지금이나 모든 워킹맘들이 직면한 문제일 것이다.

 그나마 남편은 집안일이나 육아에 열려있는 사람이다. 딸들은 저녁 시간에 나보다 아빠와 함께 있는 시간이 더 많았다. 군산이 고향인 남편은 대학 때부터 서울에 올라와 자취를 해 요리나 집안일에 익숙했다. 남편은 아이들의 저녁 식사를 챙기고, 목욕을 시키고, 빨래를 해놨다. 지금도 아이들은 볶음밥이나 떡볶이 등은 아빠가 한 것이 훨씬 맛있다고 얘기한다.

문제는 남편이 자신이 한 일을 가족이 알아주기를 바란다는 것이다. 기껏 잘해 놓고는 내가 이만큼을 했다고 생색을 냈다. 나는 그것이 보기 싫었다. 당연히 함께 해야 하는 일인데 집안일을 '해준다'는 식의 발언이 못마땅했다. 한밤중에 들어오는 사람한테, 설거지는 당연히 네가 하라는 식의 태도를 그 당시 나는 참지 못했다.

내가 조금만 더 노련한 사람이었다면 이렇게 했을 것이다. 남편처럼 단순하고 우직한 사람을 다루기 위해서 내가 먼저 호들갑을 떨며, 오늘은 남편이 무슨 일을 해 놨는지 매의 눈으로 찾아서 미리 선수를 쳤을 것이다.

"이걸 다 자기가 한 거야? 뭐 이렇게 멋진 남편이 있담? 내가 사람 보는 눈이 있었던 거지. 어디 가서 이런 사람을 찾았겠어? 고마워!!!"

그러면 아마 남편은 신이 나서 두 세배 더 잘했을 것이다. 그런데 그 당시에는 그것이 너무 치사스러웠다. 부당하다고 생각했다.

아이들에 대한 죄책감, 남편에 대한 모종의 불만, 그리고 무엇보다 피곤했다.

밖에 있을 때는 집에서 아이들이 어떻게 하고 있는지 걱정스러웠고, 집에서는 내일 나가서 해야 하는 일의 무게가 무거웠다. 이런 일상이 주는 나의 힘듦을 아마 딸은 고스란히 느끼고 있었을 것이다.

멀더와
스컬리

예전에 좋아하던 외화 시리즈물이 하나 있었다. 멀더와 스컬리라는 이름의 FBI 요원 두 명이 팀으로 일하는, 'X-File'이라는 미국 인기 드라마였다. 딸이 초등학생 때, 나는 학원으로 출근하면서 식탁 위에 항상 메모를 남기고 갔다. 이런 식이었다.

스컬리,나는 멀더다. 오버. 들리는가.

오늘도 학교 잘 다녀와라.

학교 끝나고 계획표대로, 집에 와서 간식 먹고,

피아노학원 갔다가 영어학원 잘 갔다 와라.

저녁 먹기 전에, 학습지 잘 해 놓고, 책도 한 권 잘 읽고,

숙제 있으면 다 해놓기 바란다 오버.

보고 싶은 드라마 보기 전에 미션을 완수하기 바란다 오버.

멀더도 외계인이 있는지 잘 지켜본 후에 집으로 오겠다. 이상!

딸은 이런 메모를 아주 좋아했다. 매일 다르게 써놓던 자신을 부르는 방식과 마지막 문구를 궁금해했고, 정말 스컬리가 된 것처럼 하루 종일 주어진 미션을 잘 수행했다. 딸은 엄마가 옆에 없다는 것에 대한 불안감을 이런 원격 메시지를 통해서라도 충족시켰던 것 같다.

딸을 키울 무렵 마시멜로 실험에 대해서 읽은 적이 있다.

아무도 없는 공간에 아이를 놓고, 책상 앞에 아주 맛있어 보이는 마시멜로를 한 개 놓고 나서 이렇게 얘기하는 것이다.

"얘야, 이 맛있는 마시멜로를 먹지 말고 30분만 참은 후에 먹으면 훨씬 많은 마시멜로를 줄게. 알겠지?"

그러고는 아이를 혼자 둔다. 이 상황에서 30분을 참을 수 있는 아이가 이후에 사회적으로 월등히 좋은 인간관계와 사회적 성과를 거둔다는 실험이다.

이제 와 생각하면 나는 딸에게 과도한 마시멜로 실험을 시킨 것 같다. 맞벌이를 하면서 뭔가 부족한 아이로 내비쳐지지 않기 위해 '이것을 다 하고…', '이것을 끝내야…' 등의 미션을 항상 주곤 했다.

딸이 대학에서 심리상담을 받을 때, 이런 일화를 얘기했었다고 한다.

초등학교 시절, 주말에 자기가 너무 좋아하는 '대조영'이라는 사극을 할 시간이 되었는데, 매일 일정량을 풀어야 하는 학습지를 미처 못한 것이다. 그걸 다 해야 드라마를 볼 수 있다는 생각에, 방 안에서 안절부절하며 책상 앞에 선 채로 학습지를 했다. 거실에서는 대조영의 호통 소리가 울려 퍼지는데, 자기는 낑낑대며 학습지를 다 하고 나서야 밖에 나왔다고.

딸은 그 기억이 자신의 인내심과 끈기를 증명한 일화로 남아있었는데, 그 얘기를 들은 상담 선생님은 오히려 그건 아이에게 참 기괴한 일이었다고 피드백을 주더라는 것이다. 어린 아이가 그런 상황에서 하기 싫다고 투정을 부리는 게 당연할 텐데 그걸 군소리 없이 다 해냈으니, 그때 마음속에 있던 강박증이 이후 문제점으로 남았을 수 있다는 것이다.

이제 와 보면 상담 선생님의 말이 맞는 것 같다. 과도한 자기 통제가 정답은 아니다. 사람인지라, 어떨 때는 풀어지고, 어떨 때는 달려드는 것이 더 자연스럽다.

크고 나서, 딸은 계획대로 되지 않을 때 불안해하는 경향이 심해졌다. 내가 딸을 계획에 얽매이게 한 것은 아닌가 싶기도 하다. 자칫 계획대로 안 되면 자신을 게으른 사람이라고 생각하게 되고, 기운이 빠지고, 무기력감을 느끼고, 다시 계획에 자신을 끼워

맞추게 되는 악순환에 빠진 것은 아닐까.

　내가 밖에 있으면서 원격으로 딸을 통제하려고 했던 방식이 당시에는 문제가 없었더라도 나에게나 딸에게나 완벽한 방법은 아니었을 수 있다. 혼자 있는 시간이 많았던 아이는 계획대로 정확히 움직이면서 느끼는 안정감, 반대로 그렇지 못했을 때 느끼는 불안감을 몸으로 체화했는지도 모른다. 괜한 걱정일 수도 있고, 그냥 계획형인 딸의 성향일 수도 있다. 그래도 좀 더 딸의 헛헛함을 알아주고 채워주었어야 한다는 아쉬움이 남는다. 조금 모자라도, 못 해도 괜찮다고 해주었어야 했다. 그저 알아서 잘한다고 대견해하고 있었을 문제가 아니었다.

"내가
알아서 해"

어릴 적 엄마의 미션들을 혼자 척척 해내던 시간을 지나, 딸은 커서 홀로 계획을 세우고 알아서 해내는 독립적인 사람이 되었다. 뭐든 혼자 하는 게 익숙해진 딸의 일상에 더 이상 내가 개입할 만한 게 없었고, 딸이 개입을 용납하지도 않았다. "내가 알아서 할게"라는 말을 달고 사는 사춘기 딸을 어떻게 할 도리가 없었다.

중고등학교 지필고사 기간에는 시험이 시작되기 전에 모든 공부를 끝내놓고, 정작 본 시험기간이 되면 집에 일찍 와서 자버리고 한두 시간만 책상 앞에 앉아있는 기괴함을 선보였다. 중학교 첫 번째 중간고사 시험 기간에 그런 모습에 기겁해 어떻게든 책상에 더 앉아있게 만들려고 했지만 불가능했다. 솔직히 걱정이 되었다. 이러다 어쩌려고... 그런데 결과는 기대 이상으로 좋았다.

그 후로 나는 딸의 공부패턴과 생활패턴을 인정해주었다. 체력이 남들보다 좋지 않은 딸은 몰아쳐서 집중하고, 그 외의 시간에 완전히 쉬는 자신만의 효율적인 방법을 찾았다. '남는 시간에 더 하면 얼마나 좋아'라고 생각해봤자, 부모의 욕심이다. 비록 결과를 망쳐도 그건 딸의 몫이라고 되새겼다.

딸은 특히 고등학교에 들어가서 마음껏 10대의 자유를 누렸다. 원하지 않는 것은 하지 않았고, 필요하다고 생각하는 것에 집중했다.

많은 부모가 첫째 아이들의 대학입시과정을 잘 모른다. 나도 예외는 아니었다. 정시는 그냥 수능 점수가 좋으면 원하는 대학에 가게 되는 것이라는 기본 지식 뿐이었고, 수시 입시는 상당히 복잡해서 학교에서 열어주는 입시설명회에 참석하는 열의를 보이는 정도였다. 이론적으로는 알겠는데 내 아이의 상황에 어떤 전형이 제일 유리한 건지, 무엇을 공략해야 하는지 판단해야 하는 일이 참으로 난감했다.

그런 와중에, 고3에 들어와 담임선생님과의 첫 면담을 했을 때에서야, 2학년 때 무단 지각을 몇 번 했고, 심지어 무단결석도 있으며 그 기록이 생활기록부에 남아있다는 것을 알았다. 과민한 장을 가진 아이는 시험 때나 스트레스가 있을 때, 아침 시간 화장실에 들어앉아 있곤 했다. 종종 장염에 걸려 학교를 결석한 적도 있었는데 진료확인서를 챙긴다는 것이 아마 누락된 적이 있던 모양이다. 딸에게 무단지각과 결석이라는 상황의 심각성을 아는지 물어봤다.

"걱정마. 내가 알아서 해. 수시 떨어지면 정시로 대학 가면 돼. 배수의 진 쳤다고 생각하지 뭐."

참 기가 막힐 노릇이었다. 내가 아무리 강한 돌파력을 가진 아이로 자라기를 원했다곤 하지만 이건 너무 무모했다. 무한도전을 너무 많이 본 게다.

그래도 어쩔 수 없었다. 모든 것은 딸의 몫이다. 나는 그저 딸의 선택을 존중한다고 믿어주는 수밖에 없다. 그것이 내가 원했던 바가 아니었던가. 내가 내 발등을 찍은 게지...

사고가 나도
그냥 GO!

딸은 대학에 가서 예상치도 못하게 단편영화를 찍겠다고 했다. 하고 싶은 건 다 해보겠다고, 경험을 쌓을 수 있는 건 다 해보겠다고 했다. 그러더니 아르바이트를 하며 모은 돈을 다 털더니, 시나리오를 직접 쓰고 스텝을 꾸리고 배우 오디션을 봤다. 도대체 어떻게 하려고 하나 가늠이 되지도 않았다. 전공생도 아니고, 학생 동아리에서 스태프로 한두 번 경험해 본 것이 다인데, 본인이 연출을 하겠다니...

문제는 영화를 찍기 위해서 차가 필요한데, 스태프 중에 운전을 할 줄 아는 사람이 자기밖에 없다고, 대뜸 내 차를 빌려달라는 것이다. 그때만 해도 딸은 운전 면허를 딴 지 얼마 안 된 운전초보였다. 영화 촬영 장소가 신림동 언덕이건만. 심지어 주차를 잘할 자신도 없으니 나에게 촬영 전까지 주차 연습을 시켜달라고 했다. 내가 퇴근한 한밤 중에 몇 차례 연습을 시켜줄 수밖에 없었다. 연습을 시키면서도 조마조마했다. 이러다 눈이 와서 미끄러지면 어떡하지.. 주차하다가 반대편에서 차가 오면 대체 어떻게 한다는 거지... 별의별 생각이 들었다. 나도 이렇게 겁이 나는데, 너는 겁이 안 나냐고 물었다. 그랬더니 딸은, 겁은 나는데 해야 하니 한다고 했다. 피는 못 속이는구나 싶었다.

며칠 간의 촬영 기간 중 아마 거의 마지막 쯤이었을 것이다. 한밤 중에 전화가 왔다. 사고가 났다는 것이다. 놀래서 다쳤냐고 물으니 그건 아닌데, 멀쩡한 담벼락을 들이받았다고 하면서 멘붕이라고 했다. 아, 내 사랑 레박이가 많이 아팠겠네... (내 차의 애칭은 두레박이다.)

나는 운전 초보이자 사고를 처음 겪은 딸이 놀라서 무조건 엄마건 아빠건 와주면 안 되냐고 할 줄 알았다. 어떻게 할 거냐고 물으니, 걱정 말라고, 정말 미안하다고. 근데, 영화는 계속 찍어야 하니까 자기가 알아서 한다는 거다.

또 그 소리다, "내가 알아서 할게."

그래, 그러면 되었다. 장애물이 있어도, 문제가 발생해도, 스스로 컨트롤해야 한다. 내가 항상 강조하던 바다.

내가 그날 밤, 딸에게 보낸 메시지다.

민주야,

염려하지 말고 영화 잘 찍어.

어려운 과정 거치면서 너의 감독으로서의 경험도,

일처리하는 능력도 늘어날 거야.

산이 높으면 계곡도 깊어.

날씨가 좋은 것 만해도 다행이잖아.

운전이랑 주차도 이제 잘하잖아.

사고가 났어도 굴하지 않고 렌트해서 다시 일하는 모습이 참 좋다.

초보라 사고에 대한 공포가 적지 않을 텐데 말이야.

기분 좋게 마무리 잘하고 와~

그날 밤, 딸은 무사히 돌아와서 사고비는 갚겠다며 멋쩍게 웃었고, 나와 남편도 그저 털털웃음을 지었다. 내가 알아서 한다는 자식의 말만큼 믿음직스러우면서도 불안한 말이 있을까. 중요한 것은 정말 알아서 할 수 있는 책임감, 그리고 결과까지 감수하는 법을 가르쳐주는 것이다.

3장.

딸에게 했어야 하는 것,
감정을 들여다보기

로봇 같은
엄마라고?

　오랜 세월 나를 지탱해 준 힘은 내 안의 긍정의 힘, 복잡한 일도 아주 단순화시켜 처리하는 힘이었다.

　나는 아무리 큰일이 생겨도 웬만해선 당황하지 않는다. 그 순간 냉철함이 장착된다. '당황하는 순간 일은 엉망이 된다'는 생각이 자동으로 작동하는 것이다.

　딸은 가끔 나에게 로봇 같다고 한다.

　사람의 성향이 'T'인지 'F'인지를 알아볼 수 있는 가장 간단한 질문으로 이런 것이 있다.

　"사랑하는 사람이 '나 너무 우울해서 빵 샀어'라고 말할 때 어떻게 대답할 것인가"

전형적인 'T'유형(사고형. Thinking)은 '무슨 빵 샀어?'라고 반응하고, 전형적인 'F'형(감정형. Feeling)은 '왜 우울해?'라고 반응한다고 한다. 나는 'T'에 가까운 듯한데, 사실 나는 이렇게 질문할 것 같다.

'우울한데 왜 빵을 샀어?'라고 말이다.

나의 이런 점은 사회생활, 그리고 정치를 할 때는 장점이 된다. 상황을 객관적으로 파악하고, 어떻게 일을 풀어야 하는지, 어떤 것에 시간이 필요한지, 어떤 것에 시간을 절약해야 하는지 판단하는 데 최적의 성향이다. 아무리 복잡한 일 앞에서도 쉽게 흔들리지 않는 성향은 정책을 입안할 때도 강점이 된다.

정치의 영역에서 일을 하다 보면, '그건 선례가 없는 일이다'라는 말을 많이 듣는다. 그러나 그건 해보지 않아서 하는 말 아닌가.

원칙에 따라 정말 하면 안 되는, 해도 안 되는 일도 분명히 있다. 그러나 선례가 없어서 안 되는 일이라거나, 절차가 복잡해서 안 되는 일이란 없다.

내가 로봇 같다고 해서 피도 눈물도 없는 냉혈한 같다는 것은 물론 아니다. 내가 가정을 꾸리고 지은 우리집 가훈은 두 가지, 하나는 「직진」, 다른 하나는 「역지사지」이다. 어릴 때, 내 엄마께서 항상 내게 강조했던 것이 있다.

'사람 가리지 말고 사귀어라, 그리고 항상 그 사람의 상황을 이해해 주어라'

다른 사람의 상황을 누구보다 잘 이해하라는 말을 귀가 닳도록 듣고 자랐다. 그래서인지 나는 본능적으로 그 사람의 상황을 잘 파악한다. 그리고, 다른 사람은 이해가 안 되는 지점까지도 잘 이해하는 경우가 많다. 그 이해를 내가 받아들이느냐는 별개의 문제지만 어쨌든 상황에 대한 이해는 빠르고 깊다.

이런 점이 내가 시민들과 함께하는 공적인 일을 하는 데 엄청난 도움이 된다. 나는 사람들의 어려움이 너무 잘 이해되며, 가능한 한 그 어려움을 해결하기 위해 최선을 다한다. 그렇게 배워왔고 자랐다.

공적 영역에서의 나의 강점이 딸과의 관계에서는 좀처럼 먹히지 않았다. 상황을 과하게 객관화시키는 습성이 양육할 때는, 상황 해결만 남고 아이들은 작아지게 만들어버렸다. 나는 안정적으로 상황을 컨트롤했으나, 그 안에서 아이는 적절한 감정 대응을 받지 못했다.

힘든 순간마다, 혹은 지칠 때마다 딸은 내게 해결 방법보단 위로를 받고 싶었을 것이다. 딸이 처음 겪는 상황 앞에서 나에게 조언을 구할 때, 나는 나름 적절한 조언을 해주고 딸은 그것에 만족스러워한다. 그러나 딸이 기댈 곳이 필요해서 내게 말을 걸 때면, 나는 딸의 마음을 충족시키지 못했다.

내 자식의 마음을 알아주고 감정을 어루만져 주는 것. 사실 부모가 자식에게 해 줄 수 있는 최고는 그것이다.

편안한 집, 풍족한 용돈과 같은 물리적인 편안함을 제공해 주는 것은 부차적이다. 나는 내 자식에게 그런 물리적인 것들을 주기 위해 열심히 일했다. 그 와중에도 최대한의 시간을 냈다고 생각했다.

그러나 결정적인 순간에 자식들은 '내가 부모를 통해 위로받고 있다. 부모가 내 마음의 안전기지다'라는 믿음이 필요했던 것이다.

오르막길을
오르게 될 딸에게

큰딸이 드디어 고3을 앞두게 된 날이었다. 딸도 바빴고, 이것저 것 일을 갓 시작한 나도 바빴다.

나름 평온했다. 정시로 대학을 갈 것이라고 선언한 아이였으므 로, 어떤 수시 방법을 택해야 할지 크게 고민할 필요가 없었다. 솔직히 고백하면, 홀가분했다. 온전히 아이의 몫이었고, 나는 좀 방관자 같기도 했다. 내가 해줄 수 있는 것은 딱히 없었다.

딸은 여느 때처럼 계획을 세우고 자기 페이스를 유지했다. 일주 일 중 한 번씩 수업을 들으러 다니던 국어학원도 이미 정리했고, 항상 자신 없어 하는 수학 과외에 가는 시간을 제외하고는 나머 지 시간을 온전히 혼자 공부했다. 딸은 집에서 자기만의 방식을 고수했다, 정해진 만큼의 공부량을 채우면 잠을 자고, 드라마 시간이 되면 꼭 드라마를 보았다.

1월의 어느 날, 집으로 돌아오다가 차 라디오 방송에서 윤종신의 오르막길이 흘러나왔다. 이렇게 눈물이 나도 되는 걸까 싶을 만큼 울컥했다. 내가 비록 로봇 같은 엄마지만, 어떻게 해주어야 할지 모르지만, 딸아이가 혼자 외로운 싸움을 하고 있다는 것쯤은 알고 있었다.

노래 가사가 정말 어쩌면 이리도 딸과 나의 상황과 딱 맞아떨어지는지 놀라울 따름이었다.

"딸아, 지금까지 고생한 건 아무것도 아닐거야. 이제 계속 힘든 산등성이를 향해 올라가야 할 테고, 힘들어서 거칠게 내쉬는 숨소리만이 유일한 대화겠지. 혹시 엄마가 옆에 없다고 느껴질 때가 있어도, 엄마는 항상 너의 뒤에 있어. 아무 걱정 하지 말고, 천천히 올라가렴."

이것이 내 마음이었다.

어쩌면 이렇게 상황에 딱 맞는 노래가 있는지, 내가 딸에게 해주고 싶은 말을 윤종신 아저씨가 멋드러진 노래로 표현하고 있으니 눈물이 안 나올 수가 있나.

딸에게 그 노래를 보내고 얼마 안 되어 전화가 왔다. 노래를 들은 후 딸 역시 울며 전화를 한 것이었다.

딸이 바라는 것은 이런 거였다. 감정을 나누는 것, 본인의 상황을 이해해 주는 것, 그리고 그 마음을 전하는 것 말이다.

아빠와는 입시를
의논하지 않을거야

수능을 보던 날, 스트레스성 위장을 가진 딸은 역시 아침부터 끙끙댔다. 아침밥도 거르고 부랴부랴 시험장으로 향했다. 혹시 몰라 차 안에서 수험표가 있는지 확인하게 했다. 꺼내보더니 잘 가져왔다고 웃는다.

차에서 내리는 아이에게 "민주야, 진인사대천명(盡人事待天命)이라는 말 알지? 니가 한 만큼 좋은 결과 나올 거야. 아무 염려 말고 하고 와."라고 말해 주었다.

다른 엄마처럼 어디 교회라도 가서 기도라도 하고 있어야 하나? TV 보니까 절에 가서 108배도 하고 그러던데, 라고 생각하기도 했다.

그러나, 나의 지론은 항상 같다. 이제는 딸의 시간이다.

그러면서도 불안해졌다. '차 안에서 꺼냈던 수험표를 내리면서 흘리고 간 건 아닌가? 그러면 아예 못 들어갈 텐데... 시험 보다가 배 아프면 어떡하지...' 등등 별의별 생각이 들었다.

시험이 끝나고 데리고 오는 차 안에서 나 혼자만의 걱정거리들을 얘기했더니, 딸은 씩 웃으면서, 이렇게 말했다. "엄마, 내가 누구야. 만약 시험 보다가 배가 아팠어도 나는 아마 그냥 그 자리에서 쌌을 거야. 그리고 시험 봤겠지."

그 짓궂은 대답에 안심이 되었다.

수능을 보고 집에 와서 가채점을 했다. 훌륭한 점수였다. 그러나 그때부터가 문제였다. 그날 후부터, 딸은 아빠와는 자신의 입시를 의논하지 않겠다고 선언했다. 나도 당황했고, 남편은 딸에게 더 이상 별말을 하지 않았지만 이 선언을 속으로 너무나 서운해했다. 이유가 있으려니 생각했다. 나는 내심, 어린 시절 아빠에게 주눅 들었던 기억 때문인가 싶어 더 이상 상처가 될 수도 있을 말을 하지 않았다. 사실은 이유를 물었어야 했다. 그리고 적절히 잘 대응해 주었어야 했다.

수능 점수에 대해 딸은 100% 만족스러워하지 못했다. 맞출 수 있는 3점짜리 수학 문제를 실수한 것 때문에 본인이 원하는 과에 지원하지 못할 수도 있다고 불안해했다. 그럼에도 불구하고 매우 훌륭한 점수였다. 온전히 혼자 힘으로 해 낸 성과였다.

나중에 왜 그런 선언을 했느냐고 물어보았을 때 딸은 이렇게 대답했다.

"집에 와서 내 가채점 점수를 보고 아빠가 말한 첫 마디가 이거였어. '그래서 그 점수로는 어느 과에 갈 수 있는 거야?' 수고했다, 고생했다, 가 먼저도 아니고. 서울대는 당연하다는 말 같아서. 내가 흘린 땀을 아빠는 당연하게 생각한 거 같아서. 나에 대한 배신이라고 생각했어."

딸의 마음이 이해되었다. 온전히 자신이 받아들여지지 않았다는 느낌, 그 차가운 바람을 딸은 내내 마음에 품고 있었던 것이다.

정시 발표는 수시 결과가 나온 후 한참이 지나고야 나온다. 보통 수능을 끝낸 아이들은 결과와 상관없이 그 겨울을 미친 듯이 논다. 그런데 내 딸은 수능이 끝나고 두 달간 집에만 있었다.

나는 나대로 정신 없이 바빴다. 사실 딸의 마음을 들여다 볼 여유가 없었고, 딸이 그런 생각을 하는지 눈치채지도 못했다. 그 해방의 시기에, 딸은 자신을 입증하고 싶었던 시간을 되새기며, 입시에 따라오는 불안함, 자신의 노력을 아무도 이해해 주지 못한다는 외로움과, 그저 결과를 당연한 것으로 여기는 부모에 대한 원망 아닌 원망으로 침잠하고 있었다.

나는 우리 부부가 평균 이상의 좋은 부모라고 생각해 왔다. 사춘기 시절 딸은 문제가 생기면 집요하게 나를 물고 늘어졌고 문

 정치하는 엄마의 고해성사 딸들이 바꾼 삶, 엄마가 하는 정치

제가 해결되지 않으면 넘어가지 않았다. 그럴 때마다 힘들었다. 그러나 나 역시 그 지난한 과정의 끈을 놓지 않았고, 내가 내 부모와 끈끈하게 소통되지 않는 감정의 오류를 내 딸들에게서만큼은 끊어내고 싶었다. 간절히 그러고 싶었다.

그러나 나와 남편의 단순함은 그런 연습이 전혀 되지 않은 상황에서 자꾸 오류를 내는 것이었다. 뭐 그런 것 가지고 그러니, 뭘 그렇게 심각하게 생각하고 그래? 너무 예민한 거 아니야? 라고 쉽게 치부해버리면 생기는 우리 사이의 경계. 그 경계를 자식이 허물고 싶어 한다면 당연히 부모는 그 경계를 깨부숴야 한다. 그것이 우리의 의무다. 그때는 그걸 미처 모른 채로, 나 역시 남편과 같은 실수를 했다.

정시 결과
발표하던 날

　정시 발표가 나기까지 딸은 친구들과의 약속도 거의 잡지 않고 집에서 책을 읽거나 영화를 보았다. 속으로는 남모르게 침잠하고 있었다. 수시 결과가 이미 나고 정시 발표가 완결되기 전까지, 정시 학생들이 얼마나 초조한지는 수험생이 있는 집은 모두 경험해 보았을 것이다.

　나도 같은 시기에 2018년 지방선거에 나가기로 결심하던 차였다.

　처음 가보는 길 위에서 분주하게 헤매는 동안, 늘 어련히 알아서 잘해왔던 딸의 입시는 내 주된 관심사가 되지 못했다. 남편이 권한 입시 컨설팅을 받아보고서야 우리는 가닥을 잡고 원서를 썼다.

1월에 딸은 괜찮아 보였다. 아니, 내가 바빠서 딸이 괜찮다고 그냥 판단했을 수도 있다. 나와 남편은, 원서 쓴 곳 중 한 곳은 되겠지, 하고 넋을 놓고 있었다.

나중에 딸에게 얘기를 들으니, 우리는 참 무미건조한 부모였다.

딸은 자신을 입증해 보이고 싶었다고 한다. 원하는 자사고 진학에 실패하고 자신이 부족한 사람이라는 생각이 들었다고 한다.

이후 본인의 결정으로 선택한 일반고 생활은, 차라리 그 자사고에 못 간 것이 다행이라고 생각될 만큼 정말 즐겁고 좋았다고 한다. 그러나 여전히 자신이 떨어진 학교에 있는 아이들보다 못한 사람일 수 있다는 생각에 '우물 안 개구리' 콤플렉스에 매몰되었고, 전국의 모든 학생들이 경쟁하는 정시수능으로 대학을 가서 자신 안에 박힌 콤플렉스를 극복하고 싶었다고 한다.

그러니, 정시 결과가 나오기까지 표현은 못 하지만 속이 탔을 것이다.

나는 그 와중에도 이렇게 생각했다. '결과가 무엇이든 간에 너는 너의 힘으로 그 결과를 얻어냈고, 나는 그런 네가 무한히 자랑스럽다.'라고.

문제는, 그걸 입 밖으로 꺼낸 적이 거의 없었다는 거다.

내 맘을 알 턱이 없는 딸의 입장에서, 나는 딸의 노력을 그저 당연하게 여기는 무책임한 엄마처럼 비추어졌다.

　사고는 정시 발표날 났다.

　집에는 나와 두 딸이 있었다. 작은 딸과 나는 거실에 있었고, 방에서 컴퓨터로 확인하던 큰 딸로부터 잠깐의 정적이 있었다. 그리고는 '엄마...' 부르는 소리가 났다. 뛰어 들어가보니 딸이 얼굴을 감싸고 울고 있었다. 합격이었다.

　"와~" 6학년 작은딸이 소리쳤다, 나는 의자에 앉아있던 큰딸의 어깨와 머리를 감싸고, 고생했다. 애썼다 말했다.

　10초 후, 핸드폰이 울리기 시작했다. 결과를 궁금해하는 지인들로부터 전화가 온 것이다.

　울고 있는 딸을 두고, 나는 전화를 받으러 나갔다. 사람들에게 연신 축하를 받고 다시 들어왔는데, 딸은 울기만 하고, 더 이상 아무 반응이 없었다.

　그 후, 딸은 원하는 대학 입학 결과를 얻고 난 바로 그 순간부터 약 2년 정도, 부모에게 마음의 문을 닫았다.

　그 시간 동안 나는 처음으로 딸 앞에서 안절부절했다. 무슨 말을 해야 할지, 어디서부터 말을 해야 이 상황을 종료시킬 수 있을지 숨이 막혔다. 일상적인 대화 외에 느껴지는 막연한 거리감을 나는 온전히 느끼고 있었다.

　그러나 정작 그 시간을 깬 것은 딸이었다. 딸은 자신의 노력과 땀과 열정을 부모가 피상적으로 여기거나 연극 무대를 보는 것처럼 객관화시킨다고 생각하여 매우 화가 나 있었다고 한다. 비단 수능 날이나 정시 발표날에 있었던 문제가 아니었으며, 그동안 쌓여왔던 감정이 터졌을 뿐이었다. 그런 얘기들을 하고 싶었으나 정치를 시작한 엄마는 정신없이 바쁘기만 했다고 한다.

내가 확실히 기억나는 때가 있다. 그 해 2월 중순이었다. 밤에 집으로 들어온 내게, 딸은 갑자기 바다가 보고 싶다고 했다. 피곤했던 나는 시큰둥했다. "민주야, 다음에..."라고 하자, 딸은 됐다며 방으로 들어갔다.

나는 여러 번 그런 기회를 놓쳤던 것 같다. 다시 말하지만, 단순하다 못해 평면 그 자체인 나란 사람은, 자녀와의 충만한 대화를 하는 것에 익숙하지 못한 나란 사람은, 참 자식을 외롭게 했다.

딸은 대학에 들어가서 약 2년 동안 자신의 자존감이 왜 충만하지 않은지를 파고들었고, 부모와 자신의 관계에 대해서도 몰두했다고 한다. 그러는 사이, 나는 계속 더 바빠졌고, 큰 딸 앞에서 전전긍긍할 뿐이었다. 딸이 자신의 생각을 정리하여 얘기한 후에야, 나는 부모가 자식에게 미치는 영향이 얼마나 지대한지를 새삼 깨달았으니, 나는 정말 못난 부모가 분명하다.

딸은 후에 자신의 감정을 설명하면서, 그때의 일기를 보여주었다.

2018년 1월 29일 서울대 정시합격 발표날

서울대 발표가 났다. 방안에서 결과를 확인한 나는 한숨을 들으면서 펑펑 울었다. 이제 다 끝이 났다. 엄마를 불렀다. 엄마는 계속 이게 합격인 거냐고 물었고 나를 안고 고생했다고 말했다. 그런데 전화가 울렸다. 엄마는 받으러 나갔다. 제일 축하받아야 할 사람은 난데, 고생한 사람은 난데, 왜 가장 인정 받아야 할 순간에 엄마는 내 아픔과 고생을 알아주는 게 아니라 다른 사람에게 내가 서울대 합격했다는 것을 자랑하러 간 것일까. 내 인생 유일한 순간에.

아빠한테 전화가 왔다. 엄마와 동생은 허겁지겁 전화를 받았다. 아빠는, 왜 자기가 서울대 합격했다는 소식을 다른 사람한테 전화로 알아야 하냐고 투덜거렸다. 그 순간에 나는 없었다.

정작 그 결과를 만들기 위한 피나는 노력의 과정에서는 다들 무관심하다. 원래 참아야 하는 것이라고. 그러고는 결과가 나면 다들 눈에 불을 켜고 궁금해한다.

나는 이제 나를 위해, 그 누구를 위해서도 아닌 나를 위해 정말 열심히 살 거다.

나의 수고는 나만 알면 됐다.

　　마주 앉아 얘기할 때보다 마음이 담긴 글을 읽으니 딸의 마음이 더 이해가 되었다. 내가 얼마나 무심한 엄마였는지 깨닫게 된 순간의 무력감과 미안함을 잊을 수 없다. 무심한 부모 밑에서 딸은 혼자 마음을 다잡으며 컸다. 그것도 잘 컸다.

나는 그날 딸의 옆에 있어줬어야 했다. 그리고 이렇게 말했어야 했다. "그동안 얼마나 마음 졸였니? 그런데 이렇게 스스로를 입증했네. 이제 마음이 놓이지? 지금까지 열심히 해 온 것처럼 앞으로도 열심히, 재미나게 살면 되는 거야. 정말 축하해. 너의 노력과 너의 땀은 온전히 너의 것이다"

4장.

딸에게
하지 말았어야 하는 것,
특별할 거라는 기대

국제중-민사고-하버드-국제변호사
나 피아니스트가 되고 싶어
당연하지 않은 것을 당연하다고 여긴 죄
엄마와 함께 있을 수 있던 시간이 주는 양면성
공부 안 하고 시험 보기
판사의 꿈을 접은 딸

국제중-민사고-
하버드-국제변호사

딸을 임신하고 있는 동안 입시학원에서 종일 영어로 말한 덕인지, 딸의 언어능력은 뛰어난 편이었다.

딸이 여섯 살 때 CD를 들으면서 영어로 익히는 'ㅌㅌ영어'를 시작했다. 일주일에 한 번 선생님이 방문하셔서 CD 하나 분량을 듣고 따라하는 방식이었다. 딸은 CD 하나를 끝내는 시간이 또래보다 훨씬 빨라서, 한 달에 두세 달 분량의 CD를 사줘야 했다. 금액은 두 세배로 들었지만, 잘해서 들이는 비용은 하나도 아깝지가 않았다.

우리 부부는 첫째 딸에 대한 자부심이 유난히 심했다. 딸이 큰 사람, 대단한 리더가 될 거라는 기대는 나뿐 아니라 남편에게도 굳건했다. 한글을 갓 익힌 딸에게 우리는 농담처럼 '너는 국제중에 가고, 민사고에 가고, 그다음에 하버드 대학을 가서, 국제변호사가 되는 거야'라며 야무진 미래를 설계하곤 했다. 어린이집에서 선생님이 딸에게 커서 무엇을 하고 싶냐고 물으면, 딸은 우리가 입버릇처럼 말한 이 코스를 아무 생각 없이 줄줄 읊어서 사람들을 놀라게 했다. 그러면 우리는 괜스레 멋쩍으면서도, 꿈 같은 딸의 미래 앞에서 마음이 부풀었다.

반에서 1등도 아니고 전국 1등의 고등학교, 서울대도 아니고 세계 최고 대학인 하버드를 가야 한다. 그냥 되기도 힘든 변호사도 아니고 세계를 누비는 '국제' 변호사가 돼야 한다. 말하기에 낯부끄럽고 헛웃음이 나올 정도로 허황되고, 부질없는 말들이었다. 나중에 국제중은 등록금이 비싸서 못 보냈고, 민사고 대신 딸이 원하는 다른 고등학교를 지원했었으나 불합격했다. 대학 입시를 할 때쯤엔 하버드에 보내고 싶다는 생각이 머릿속에 있지도 않았다. 부실한 부모가 어린 딸을 데리고 모래성을 쌓고 있었던 거다.

자랑하는 것처럼 들릴 수도 있겠으나, 딸은 학창 시절 전교 1등을 놓친 적이 거의 없었고, 결국 서울대에 갔지만, 딸에게 내건 비현실적인 기대, 딸의 성취를 당연하게 생각했던 대가는 훗날 쓰라린 후회와 자책으로 터져나왔다.

나는 왜 딸에게 이런 인생 루트를 말해준 것일까? 나의 어떤 결핍이나 이상으로 하여금 딸이 그런 길을 가기를 원했던 것일까? 그저 적당히 칭찬받으며 자랐던 내가 어른이 되어서 사실 평범한 일상을 살고 있는 것에 대한 회한? 어린 시절에 더 큰 꿈을 꾸지 못한 것에 대한 아쉬움? 원 없이 모든 노력을 다해 공부해보지 않은 것에 대한 결핍? 잘 모르겠다.

　태어나자마자 자신에게 내건 기대를 먹고 자란 딸은 자기도 모르는 사이에 뭔가가 되어야 한다는 압박감, 뭔가를 이뤄야 한다는 압박감에 시달렸다. 아무리 부모가 말로는 '네가 원하는 것을 해라. 내 맘대로 해라'라고 말할지라도, 무의식의 세계에서는 혼란을 겪었던 것이다. 이것이 후에 딸이 자신의 정체성을 찾기 위해 많은 시간을 힘들어했던 이유였으니, 미안한 마음을 갖지 않을 수 없다.

　그 나이대에 이룰 수 있는 최고의 성취를 했음에도 딸은 늘 어딘가 부족하다는 느낌을 받았다고 한다. 그 해답을 찾기 위해 딸은 대학에서 심리 상담도 받았다. '국제중-민사고-하버드-국제변호사' 루트는 어느 날 상담 중 딸의 입에서 갑자기 튀어나온 말이었다. 기억도 잘 나지 않는 20년 전 들었던 부모의 말이, 딸의 무의식에 박혀있었던 것이다. 딸은 전교 1등을 했지만 민사고에 못 갔으니 실패했다고 느꼈고, 서울대에 갔지만 하버드가 아니었으니 모자라다고 느꼈다. 그 외 수많은 성취에서, 딸은 따라잡을 수 없는 비현실적인 이상 앞에 쪼그라들었고, 더 큰 성취를 해야 한다는 압박에 시달렸다.

나 피아니스트가
되고 싶어

큰딸은 어렸을 때 그 어떤 것보다 피아노 치는 것을 좋아했다. 사실 딸이 피아노 학원에 다니도록 한 것은 내가 아니라 딸을 오랜 시간 돌봐준 나의 엄마였다. 엄마는 장녀인 내가 갓 6살이 됐을 때부터 피아노학원에 다니게 하셨다. 다른 친구들이 유치원을 다닐 때, 나는 그냥 피아노학원만 다녔다. 고사리 같은 손으로 내가 피아노를 치는 것이 엄마는 그렇게 좋았다고 한다. 그렇지만 나와 피아노의 인연은 오래가지 않았다. 초등학교 3학년 때쯤, 내가 학원 가기 싫다고 떼를 쓰는 바람에 학원을 그만두었다. 당연히 집에 피아노가 있을 리 만무했고, 연습하지 않으니 실력은 금방 퇴색해버렸다. 중학생이 되었을 때쯤에는 악보도 세어가며 보는 지경이 되어 버렸다.

그 한이었을까? 내 엄마는 큰딸을 맡아 길러주시면서 6살이 될 무렵 일찌감치 아이를 피아노학원에 보내셨고, 당신 딸에게서 이루지 못한 꿈을 이루셨다. 딸은 나와 달리 그 누구보다 피아노에 진심인 아이로 자랐다.

딸은 하루에 거의 두 시간을 매일 학원에서 피아노를 쳤다. 다른 아이들과 달리 농땡이도 안 부린다고 선생님들이 신기해할 정도였다.

자연스럽게 딸의 첫 번째 희망 직업은 피아니스트였다. 초등학교 2학년 때, 딸은 피아니스트가 되겠다고 선언했다. 딸의 꿈을 찾았다고 기뻐해야 할 일인데, 솔직히 마음이 쿵 내려앉았다. 예술과 거리가 멀어도 한참 먼 우리 부부로서는 참 난감한 일이었는데, 이 난관을 어떻게 극복할까 꽤 고심했었다.

저녁 뉴스를 틀어놓고서 딸에게 은근히 설득 아닌 설득을 했다.

"피아니스트는 오로지 피아노만 잘 치는 사람이지만, 네가 아나운서가 되면(당시에 아이의 발음이 정확하다고 아나운서 하면 좋겠다고 권한 어른의 말에 한동안 빠져있기도 한 때였으므로) 피아노 잘 치는 아나운서가 되는 거야. 그게 훨씬 좋지 않겠니?" 라는 논리를 내세웠다.

이 말에 딸이 진심으로 수긍한 것인지, 그 후로 피아니스트가 되겠다는 말을 꺼내지 않았다. 초등학교 고학년이 되어서도 속으론 피아니스트의 꿈을 품었던 것 같긴 한데, 자신에게 그만한 재능은 없다는 걸 서서히 느꼈다고 한다. 한편 공부에는 확실히 재능이 있었으니, 피아노는 진로 후보에서 저절로 서서히 멀어졌다.

둘째 딸이 초등학교 때 아크로바틱을 배우겠다고 한 적이 있다. 몸 쓰는 것을 좋아하는 둘째는 자기 몸을 자유롭게 통제할 수 있는 아크로바틱에 매료되었다. 보통의 눈으로 보면, 그런 걸 굳이 왜 배운다고 하는 건지 이해가 되지 않을 수도 있다. 나는 배우라고 했다. 하고 싶은 건 하게 놔두고 싶었다. 흔쾌히 허락하는 나를 지켜보던 큰딸이 갑자기 발끈했다.
"내가 피아니스트 된다고 했을 때 엄마가 안 된다고 했잖아. 그런데 왜 동생은 허락해줘?" 사실 둘째가 기계체조 선수를 하겠다는 것은 아니었지 않나. 그러나 큰딸은 그때의 기억을 꺼냈다.
당시 어린 딸은 저녁 뉴스를 틀어주는 엄마를 보며 온몸으로 느꼈던 것이다. 엄마가 피아니스트보다, 아나운서나 변호사가 된 자신을 더 기뻐한다는 것을.

확실히 나는 첫째보다 둘째에게 더 자유롭고, 관대했다. 나도 남편도 첫째에게는 자아가 강하게 투영되어 원하는 이상향이 확실했지만, 둘째에게는 딱히 어떤 사람이 돼야 한다는 기대를 품지 않았다. 지금도 큰딸은 집에서 가끔 피아노를 치곤 하는데, 부드러운 선율을 듣고 있으면 푸근하다가도 마음 한구석에 죄책감이 스민다.

딸은 중학생 때까지 피아노 학원에 다니다가, 고등학교에 가서는 공부를 해야 한다며 스스로 학원을 그만두었다. 고등학교 때는 점심시간이나 자율학습시간마다 친구들과 음악실에 가서 피아노를 쳤다고 한다. 그러고선 대학에 가서 다시 성인 피아노 레슨을 받기 시작했으니, 피아노는 딸의 진로가 되진 못했지만 평생 취미가 된 셈이다. 그때 피아니스트를 마음껏 꿈꾸게 놔두었으면, 내가 굳이 꺾지 않아도 딸은 스스로 자신에게 맞는 길을 찾아가지 않았을까. 어린 큰딸이 처음으로 하고 싶었던 것을 유일하게 꺾어놓았으니, 딸에게 뒤늦은 항의를 받아도 감수해야 한다.

당연하지 않은 것을
당연하다고 여긴 죄

큰딸은 자라면서 자신 안에 있는 불안감을 발견했다고 한다. 그 불안감이 어디에서 오는 것인가를 생각해 보면, 그건 성취에 대한 강박, 그리고 특별함에 대한 강박인 것 같다고 했다.

어렸을 때부터 완벽에 대한 강박이 있었던 것 같고, 그건 어쩌면 엄마와 아빠에게서 온 것일 수도 있다고 했다. 생각해보면, '나'라는 세상에 처음 온 피붙이인 큰딸이 특별하다고 생각했던 것 같다. 왜 그런지는 몰라도 순수하게 '존재' 그 자체로 뭔가 다르다고 생각했는지 모른다.

사실 이런 생각은 거의 모든 부모가 첫 자식에게 품는 생각이 아닌가 싶다. 그렇다면 생각이 문제가 아니라 양육 태도가 문제였을지 모른다.

큰딸이 초등학교 다닐 때까지만 해도, 초등학교도 때마다 시험을 봤었다. 한 학기에 정기적으로 두 번, 심지어 중간에 수학경시대회도 있었다. 지금은 있을 수 없는 일이지만 초등학교 1학년 여름방학이 되기 전에 그 어린 아이들을 데리고 수학경시대회를 치르게 했는데, 시험 준비를 시킨 것도 아니면서 무슨 자신감에서인지 나는 내 아이가 당연히 100점을 맞을 거라고 기대했다.

딸이 92점이라고 쓴 시험지를 받아들고 왔을 때, 나는 온전히 딸에게 "수고했다. 잘했다"라는 말을 못했던 것 같다. 아마도 애써 웃으면서 "문제가 어려웠어?"라고 했던 것 같다. 딸은 무덤덤한 표정으로 "문제가 무슨 뜻인지 잘 모르겠어"라고 했다. 아마도 이런 문제였던 것 같다.

[숫자 5의 앞은 무슨 수일까요?]

뭐 이런 식이었던 것 같다. 지금 내가 봐도 '앞'이라는 의미가 무엇이지 헷갈린다. 문제집이라는 것을 풀어본 아이들에게 앞은 '4'가 당연한 것이었을 테지만, 단순연산을 하는 학습지 외에 문제집을 손도 안 대보지 않은 딸에게 앞은 '6'이었다.

살면서 이런 것이 무슨 소용이 있겠느냐고 지금은 자신 있게 말할 수 있다. 그러나 그때는 미리 문제집을 사서 연습시키지 않은 내 잘못을 탓하는 것이 먼저였고, '이런 것이 워킹맘의 한계인가?'라고 자책했다.

나는 첫 시험점수를 받아 온 딸에게 이렇게 말했어야 한다.

"민주야, 시험이라는 것을 처음 봤네. 기분이 어땠어? 너 되게 잘했더라. 어떻게 한 거야?" "가만히 앉아있느라 힘들었지? 이제 무사히 잘 끝났으니 재밌게 놀자."

그러면 딸은 자기가 잘했다는 생각에 자신감을 얻었을 수 있지 않았을까.

엄마와 함께 있을 수 있던
시간이 주는 양면성

나는 선행학습의 신화를 믿지 않는다. 아이에게 맞는 시기와 발전 속도대로 성장시키는 것이 가장 좋다고 믿는다. 내가 워킹맘으로 아이를 학원에 많이 보내야 하는 상황이었음에도 선행학습 학원에 아이를 보내지 않은 이유다.

대신 나는 모르는 것을 없애고 지나가는 것이 더 좋은 학습이라고 생각했다. 얼렁뚱땅 넘어가는 것, 그저 강의만 냅다 듣고는 그것이 전부 자기 머릿속에 들어가 있다고 착각하는 것은 어리석은 공부라고 생각했다.

그래서 초등학교 시절에 유일하게 내가 딸의 공부에 직접 손댄 것은, '오답노트'였다. 평일에 아이가 혼자 푼 문제집을 주말에 한꺼번에 채점해주고 틀린 문제는 따로 공책에 적어 다시 풀게 했다. 틀린 문제들을 내가 손글씨로 공책에 직접 적어줄 때 딸은 내 옆에 꼭 붙어서 그 모습을 지켜보았고, 딸이 내가 직접 쓴 문제들을 풀 때 나 역시 딸 옆을 지켰다.

딸은 그 시간을 참 좋아했다. 내가 손글씨로 쓴 오답노트들을 버리지 않고 방 한켠에 모아놓았다. 심리 상담을 받는 동안 딸은 어릴 때 엄마가 나를 사랑해준 기억 중 제일 먼저 생각나는 순간으로 '오답노트 하는 시간'을 꼽았다고 한다. 앉아서 공부하게 하는 시간을 엄마가 나를 사랑해주는 시간으로 기억하다니. 딸과 엄마의 동상이몽이었다. 딸은 늘 밖에 있는 엄마가 자신의 옆에 꼭 붙어있던 그 시간을, 온전히 자신에게 집중하는 시간이라고 생각한 것 같다.

그런데 달리 생각해보면 오답을 정리하게 하는 엄마를 통해 '실수' 내지는 '오답'이라는 행위가 딸에게 반드시 바로잡아야 하는 오류로 부각되었을 수도 있다. 완벽함에 대한 강박의 근원이 조금은 엿보이는 기억이다.

나는 어떻게 했어야 할까? 사실 잘 모르겠다. 엄마로서 내리는 모든 선택은 의도하지 않아도 아이에게 지대한 영향을 끼친다. 그 순간 엄마의 사랑을 느낀 것도 맞고, 강박을 느낀 것도 맞을지 모른다. 오답노트를 통해 딸의 수학 실력이 크게 늘었던 것도 맞았다. 워킹맘인 나는 딸과 보낼 수 있는 시간이 적었고, 그 적은 시간 동안 늘 일타쌍피를 노렸다. 딸과 다정하게 교감하면서도, 평소 챙겨주지 못한 딸의 공부를 챙겨줘야 했다. 딸과 보내는 시간에 공부를 시켰어도, 안 시켰어도, 엄마로서 부족하게 해주었다는 후회와 자책은 남았을 것 같다.

공부 안 하고
시험 보기

딸은 역사 공부를 참 좋아했다. 남편이 역사를 좋아해서 어렸을 때부터 화장실에 역사책을 들고 가곤 했다고 했는데, 딸 역시 틈만 나면 역사책을 읽었다. 그만큼 역사를 잘 안다는 자부심도 있었는데, 그 자신감이 한순간에 무너지는 순간이 찾아왔다.

초등학교 6학년 1학기가 끝날 무렵, 학교에서 돌아온 딸이 갑자기 가방을 문 앞에 내던지고 부엌 식탁 위에 앉더니 한국사 교과서를 펴고 공부를 하기 시작했다. 원래 같으면 집에 돌아와 책을 읽거나 드라마를 보곤 했는데, 오자마자 교과서를 편 건 처음 있는 일이었다. 별말을 안 하고 있었더니 심각한 얼굴로, 세 시간을 계속 그러고 있었다.

대체 무슨 일이냐는 질문에 딸은 주저주저하면서 말했다.

"오늘 한국사 쪽지시험을 봤는데, 난 당연히 자신 있었거든, 근데 처음으로 주관식 문제가 나온 거야. 고려시대 몽고가 쳐들어와서 강화도까지 피난갔을 때 싸웠던 군대의 이름이 뭐냐는 문제였는데, 엄마, 나는 그런 일이 있는 건 당연히 책에서 봐서 아는데, 구체적으로 그 이름은 안 외웠었거든, 그래서 틀렸어. 이걸 다 외워야 하는 건가 봐."

시험을 위해 공부를 한다는 것이 어떤 건지를 그때서야 처음 알아챈 딸은 그 학기 기말고사에서 처음으로 전교 1등을 했다. 그 이후 중학교에 들어가선 계속 시험만 쳤다 하면 1등을 했다.

딸은 자신이 노력한 만큼의 결과를 얻었고, 주변의 인정도 받았다. 나는 부모로서 그저 지켜보고 격려하면 된다고 생각했다. 나는 내 딸의 성취를 결코 주변에 떠벌리지 않았다. 그건 완전히 아이의 몫이라고 생각했고, 그렇게 생각하는 내가 멋지다고 생각하기까지 했다. 그러면서 속으로는 '내 손이 가지 않아도 알아서 잘 하는 딸'을 마치 훈장인 양 여기는 마음이 있었던 것도 부정할 수 없다.

문제는, 자신을 찾아가는 과정에서 딸이 겪었을 마음의 폭풍을 부모가 세밀하게 몰라주고, 그저 자랑스러워만 한 것이다. 딸은 부모의 사랑을 의심한 적은 없지만, 자신이 있는 그대로 받아

 정치하는 엄마의 고해성사 : 딸들이 바꾼 삶, 엄마가 하는 정치

들여진다는 믿음을 갖지는 못했다고 한다. 학교에서 우수한 아이, 좋은 결과를 내는 아이라는 자신의 모습이 사라지고 난 뒤에도 부모가 온전히 자신을 사랑해줄까? 라는 의구심을 가지고 있었다는 것이다.

딸은 중학교 졸업 직전 마지막 기말고사는 공부를 하지 않고 시험을 보겠다고 했다. 고등학교 입시에 산정되는 3학년 2학기 중간고사까지의 시험은 끝난 뒤지만, 그렇게 되면 졸업식에서 1등상을 받을 수는 없었다. 부모의 기준으로 보면 아깝기 그지없고, 참 세상 물정 모르는 투정처럼 생각됐다. 아깝지 않냐고 설득해 봤지만 딸은 듣지 않았다. 그저, 마지막 시험은 그냥 자유롭게 보고 싶다고 했다. 딸에게 시험이 그만큼 어깨를 짓누르던 부담이었다는 걸, 그때는 그 마음을 알아주지 못했다.

딸은 결국 시험 공부를 전혀 하지 않고 시험을 봤다.

그때 나는 이렇게 말했어야 한다.

"3년 동안 시험 공부하느라 애썼어. 한 번쯤은 공부 안 하고 시험을 보고 싶구나. 그래, 문제될 것도 없어. 중요하지도 않은데 뭐. 그냥 즐겨봐."

판사의 꿈을
접은 딸

어린이집 시절부터 세뇌를 당해서였을까? 학창 시절 딸은 법조인이 되겠다고 했고, 고등학교 시절 내내 그 꿈을 버리지 않았다. 내 학창 시절 풀리지 않았던 질문 때문에 포기한 그 꿈을 향해 딸이 달려가겠다고 하니 기분이 묘했다. 왜냐고 물었더니 딸은 이렇게 대답했다.

"엄마가 사준 판례 책 있잖아. 그 책을 읽으니까 진보적인 판례 하나가 세상의 흐름을 바꾸더라고. 나도 판결로 세상을 바꾸고 싶어."

딸은 대학에 들어가서 2년을 치열하게 놀았다. 학생회 활동을 하면서 온갖 회의에, 술자리에, 거의 매일 자정이 넘어야 들어왔

다. 학생회장이 되면서는, 매일 택시를 타고 들어오는 돈이 아깝
다며 급기야 자취를 허락받았다. 살면서 노는 것이 얼마나 중요
한지, 놀아본 사람만 그걸 안다. 나는 딸이 노는 것이 나쁘지 않
았다.

그러던 어느날, 로스쿨을 가려면 학점 관리를 좀 해야 하지 않
나 싶을 만큼 신나게 놀던 때였는데, 딸이 선언을 했다.
"나, 로스쿨 안 가."

나보다 남편의 실망이 더 컸다. 남편은 딸처럼 집중력 있고, 시
험 보는 것에 강한 아이가 로스쿨을 가면 변호사시험 합격은 당
연하다 여겼고, 변호사든 판사든 뭔가 힘 있는 축에 드는 일을
하는 것이 사회생활을 하면서 얼마나 좋은지에 집중했다. 본인
대학 때 고시를 중도 포기한 아쉬움도 있었다. 애가 아직 사회를
잘 모른다고 답답해했다. 그렇다고 직접 딸에게 잔소리를 퍼붓지
는 않았다. 자기 딸의 고집을 알기 때문이다.

대학교 1학년 겨울방학 때, 딸이 교양과목으로 독서토론 세미
나를 들은 적이 있다. 10명 정도가 둥글게 앉아서 각자 생각한 진
로에 관해 조별토론을 하는 시간이었다. 딸은 끝순서여서 사람
들이 한 명씩 말하는 걸 듣고 있는데, 10명 중 7명이 로스쿨에 갈
거라고 말했다고 한다. 법조인이 자신만의 특별한 꿈인 줄 알았

던 딸은 '이거 뭔가 잘못됐는데', 라는 섬뜩함을 처음 느꼈다고 한다. 꿈에서 깬 것이다.

많은 부모들이 자식이 사회적 명망이 높은 '사'자 직업을 가지길 바란다. 나와 남편 또한 어린 딸에게 '국제 변호사'를 세뇌시킨 전적이 있다. 학창 시절 딸의 시야는 집에서는 부모, 학교에서는 선생님들이 양옆으로 쌓아놓은 좁은 벽 안에 갇혀 있었다. 아홉 살 때 피아니스트의 꿈을 버린 이후로, 딸의 진로 후보에는 아나운서, 변호사, 의사, 외교관 외에 다른 것이 오른 적이 없었다.

성인이 된 딸은 자신의 20년 세월을 다시 되돌아볼 여유를 얻었다. 자신이 진짜 원하는 것이 무엇인지를 진지하게 살피기 시작했다. 여러 활동을 내키는 대로 하면서, 엄마 아빠가 원하는 사회적 안정과 힘을 누릴 수 있는 직업을 그냥 선택하는 것이 아니라, 본인이 정말로 행복해하면서 할 수 있는 일이 무엇인지 탐색했다고 한다.

대학에서 딸은 학생회에서 동기들, 선배들과 학생 정치 현안을 두고 밤새 씨름을 하고, 순수학문을 해보겠다며 철학을 공부하고, 대학 언론 기자도 했다가, 갑자기 마케팅 학회, 영화 동아리에도 들어갔다.

그러더니 대학을 졸업할 때쯤 전혀 상상도 못한 답을 내놓았다.

 정치하는 엄마의 고해성사 : 딸들이 바꾼 삶, 엄마가 하는 정치

드라마 PD. 기자나 시사교양 PD도 아니고, 난데없이 드라마 PD가 되겠다는 것이다.

이런 생각은 대체 어디서 나온 것인지 참 당황스러웠다. 아무리 드라마 보는 것을 좋아했다손 치더라도, 이건 상상 밖의 선택지였다.

전공과 상관없는 드라마와 음악, 영화를 공부하겠다고 하더니 6개월간의 교환학생 과정에서 그 공부를 하고 왔다. 어렸을 때부터 드라마를 너무 보게 했나? 어린 딸은 할아버지 할머니가 잠드신 밤에, 홀로 TV를 켜고 '풀하우스', '천국의 계단', '파리의 연인'을 보았다. 고3 시절 지진으로 수능이 일주일 미뤄진 2018년도에도, 그 일주일 동안 드라마는 꼭 본방 사수했다.

딸이 과외 알바를 다녀오는 지하철 안에서 번개처럼 떠오른 생각을 정리한 글을 보여준 적이 있다.

교환학생 시절의 경험을 통해서, 그리고 직접 단편영화를 찍는다고 고생하면서 딸은 더욱 자신의 길에 대한 확신을 가진 것 같다.

드라마 PD 시장이 예전만큼 좋지는 않은 것 같다. 공중파 방송국은 정규직 PD를 기껏해야 1, 2명 뽑고, 공중파 방송국의 드라

마국을 대신하게 된 드라마 제작사는 오히려 비정규직으로 넘쳐
난다. 실제로 드라마 찍는 일을 회사에 들어가 경험하면서 이 일
에서 터를 잡는 것이 만만치 않다는 것을 딸은 실감하고 있다, 그
런데도 하겠다고 한다.

하고 싶으면 하는 거다. 인생은 짧고, 하고 싶은 일은 해봐야
후회가 없다.

"엄마, 나는 법 공부하면서 사회의 흐름을 바꾸는 것보다, 드라
마를 만들면서 밤낮으로 일하는 내가 더 행복할 거 같아, 드라마
한 편이 나를 위로했던 걸 생각하면, 내 드라마가 다른 사람들도
그렇게 위로할 거잖아."

나만큼이나 세월을 지나 성장하고 변화한 남편은 이제는 딸의
갈 길을 진심으로 응원한다. 그러면서도 여전히 가끔 딸 없는 자
리에서 딸이 로스쿨을 가지 않은 것을 아쉬워한다. 혹시 지금이
라도 가겠다고 하지 않는지를 살피기도 한다. 나 역시도 내 어릴
적 꿈을 대신 밟아갈 줄 알았는데, 아쉽기는 하다. 그러나 대놓
고 말하지 못한다.

스스로 하고 싶은 일을 선택하고 그 책임을 지는 삶을 살라고
가르쳤으니 말이다. 한낮의 꿈처럼 국제 변호사가 된 딸을 아주
잠깐 그리긴 했지만, 그것보다 중요한 건 딸이 자신의 삶을 사는
거다. 먼 길을 돌아, 딸은 기특하게도 자신의 길을 찾았다.

우리가 아무리 딸에게 인생의 스토리를 읊어주었다 해도 그대로 이루어지지 않는다는 것을 안다. 딸은 자라면서 하고 싶은 것을 원 없이 하면서 자기 길을 찾았다.

내가 하는 일을 내 부모가 막지 않았듯이, 나와 남편도 딸이 원하는 것을 막지 않았다. 가고자 하는 길을 막을 권리가 우리에게는 없다. 우리는 그저 딸이 자유롭게 넓은 세상을 다니다가 넘어지거나 지칠 때, 마음 놓고 쉬다가 다시 떠날 수 있는 집이 되어주면 된다.

나는 오십의 나이에 정치를 하겠다고 선언했고, 남편은 오십 중반에 새로운 길을 찾아 나섰다. 우리는 그렇게 서로 '직진'할 수 있도록 뒤에서 힘이 되어주면 된다.

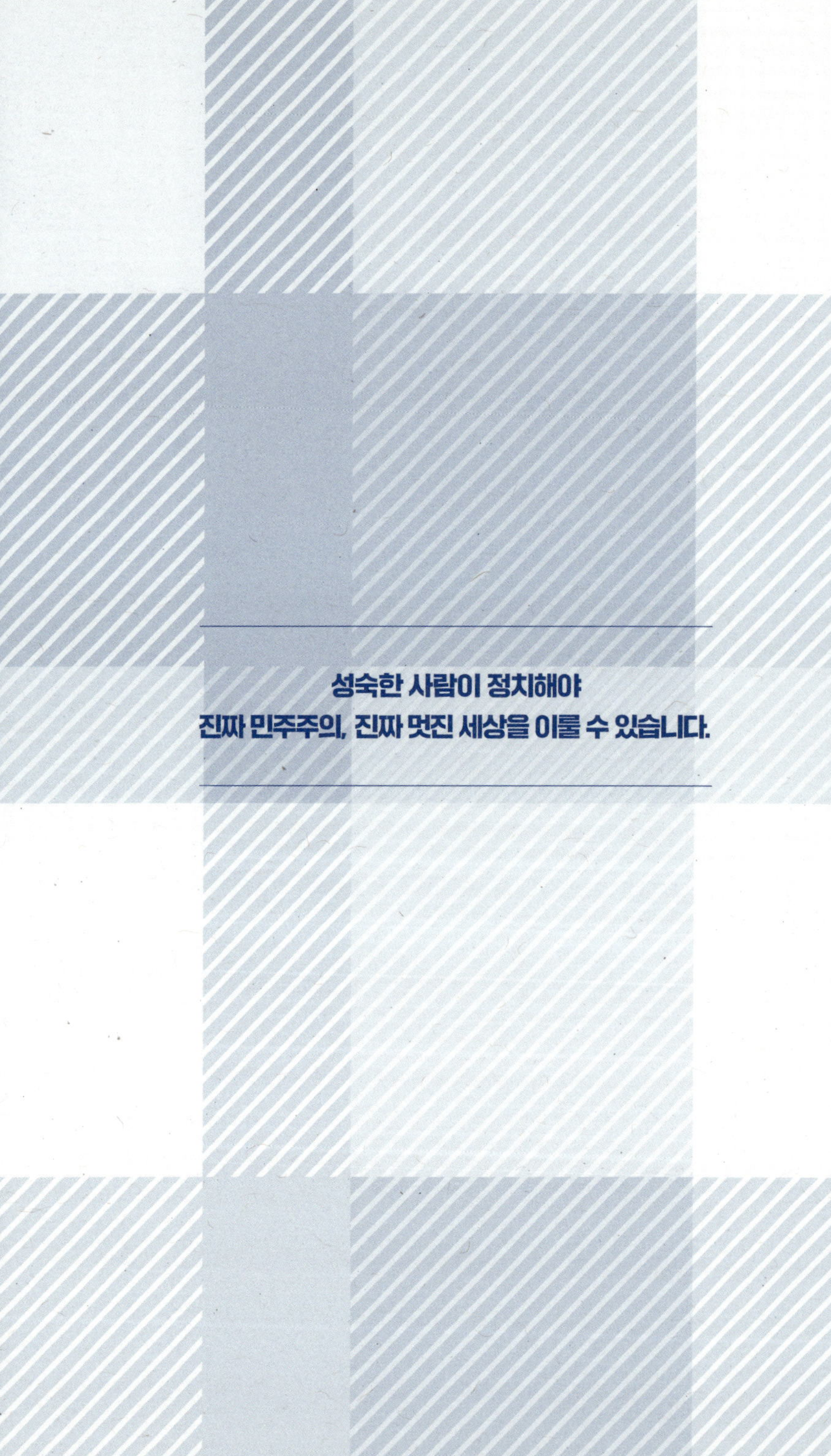
성숙한 사람이 정치해야
진짜 민주주의, 진짜 멋진 세상을 이룰 수 있습니다.

02

정치하는 엄마

성숙한 사람이 정치도 잘 한다

부모는 자식을 통해 진짜 어른이 된다. 배우자를 만나 결혼을 하는 것 역시 어른이 되어가는 중요한 단계인 것은 맞지만, 가장 확실하게 진짜 어른이 되는 길은 자식을 낳고 그 자식을 통해 투영되는 자신의 모습을 인지하기 시작하는 것으로부터 시작된다. 내가 그랬기 때문에 자신 있게 말할 수 있다.

평범한 시민이, 평범한 엄마가, 평범한 아내가 지금의 내 모습으로 성장할 수 있었던 것은 아이들 덕분이다.

아이들 덕에 성숙한 사람이 되어가고, 소통이 얼마나 중요한지를 알게 되어 그 덕분으로 공적 영역에서 일해도 될만한 사람으로 인정받게 되었다. 그리고 국회에서 배우고 경험한 무기를 장착하고, 진정한 선출직 정치인이 되어도 시민의 삶을 보듬을 능력이 있음을 인정받게 되었다.

 나는 공적인 일을 하는 것이 참 좋다. 내 개인이나 내 가족을 위한 일보다는 다수를 위한 일을 하는 것이 더 좋다. 억울한 일을 당한 사람을 위해 나서는 일이 참 좋고, 내가 제안한 것이 정책이 되고 예산이 투입되고 사람들의 일상이 풍요로워지는 것을 보는 것이 정말 좋다.
 내 가족을 위해 가정을 지키고, 식사를 챙기고, 집안 대소사를 챙기는 것보다 다수를 위해 시간을 할애하고, 땀 흘리는 것이 더 좋다. '저러면 안되는데...'라고 생각되는 것을 지적하고, 더 좋은 방향으로 일을 전환할 수 있는 과정을 만드는 것이 정말 좋다. 희열을 느끼고. 살아있음을 느낀다.

 큰딸은 이렇게 말한다.
 "나는 때마다 밥 잘 차려주는 다른 엄마보다 지금의 엄마가 훨씬 좋아. 그러니까 너무 미안해 하지마."
 작은딸은 이렇게 말한다.
 "우리는 우리가 알아서 할 거니까, 그러니까 밖에서 제대로 해. 알았지?"
 남편은 이렇게 말한다.
 "너는 나보다 훨씬 큰 그릇이야. 하고 싶은 거 맘껏 해."

참 눈물겨운 격려다. 그러나 내 가족의 말이 어떤 진심을 담고 있는지 나는 안다. 그들의 사랑을 나는 안다.

바깥일이라... 그것도 국가의 녹을 먹는 공적인 일이라...

우리 주변에는 이런 나랏일을 하는 사람들이 참 많다. 중앙부처의 공무원에서 동 행정복지센터의 공무원까지, 국가 전체를 운영하는 대통령에서부터, 지방정부의 시장, 군수, 동네의 통반장에 이르기까지. 비슷한 듯하지만 하는 일이 다르다. 공무원을 집행부라고 부르는 이유는 공무원이야말로 주어진 예산을 그대로 실전에서 반영하여 집행하는 권한을 가진 사람이기 때문이다.

나는 다른 종류의 권한을 가지고 일하고 싶다. 옳다고 생각되는 일이 공적영역에 반영될 수 있도록 하는 그런 권한을 가지고 싶다. 그것은 다른 말로 하면 입법권과 예산권이다. 소위 말하는 선출직 공무원, 즉, 선거에 나가서 국미들의 선택을 받아 국민들의 권한을 위임받는 선출직 공무원이 되고 싶다.

교육시민단체 활동과 환경시민단체 활동 경험, 그리고 무엇보다 80년대 전두환 독재시절과 노태우의 무늬만 민주주의 시절에 학생운동을 했던 경험에 비추어보면, 시민단체 10개가 10년동안 집중해서 이뤄낼 수 있는 일을 정치인 한 두명이 끈질기게 물고 늘어지면 한 회기 안에 성과를 낼 수도 있다. 이것이 권한이다.

그리고 나는 갈등을 조율하고 싶다. 주민들 간의 갈등, 계층 간의 갈등, 지역 간의 갈등은 이제 우리의 일상이 되어버렸다. 점점 심해져 간다. 나는 조율사가 되고 싶다. 내가 잘 할 수 있다는 생각이 자꾸 든다. 착각일까? 사적 이익을 생각하지 않고 권한을 가진 조율사! 내가 바라는 일이고, 그것은 바로 정치다.

내가 사는 이곳 안양은 이후에도 내 가족과 내 딸들이 살아갈 곳이다. 작은딸은 나에게 항상 얘기한다. "엄마, 나는 안양이 너무 좋아. 그러니까 절대 여기를 떠나면 안 돼. 알았지?"

나는 안양에서 정말 좋은 정치를 하고 싶다.

1장.

담장 너머의
세상으로

학교 운영위원장에서 시작된 작은 변화
감성생태동아리 '생동감'이 일깨워준 공동체의 가치
열정적인 시민활동가로 보낸 치열한 시간들

학교 운영위원장에서
시작된 작은 변화

　대학을 졸업하고 바로 안양에 정착한 지 35년이 되었다. 결혼 후 워킹맘으로 일하던 나는 큰딸이 6학년이 되면서 직장생활을 모두 그만두었다. 굉장히 홀가분했다. 대학을 졸업하고 20년 넘게 직장생활을 하면서, 그리고 아이를 낳고 워킹맘으로 일했던 압박감에서 해방되었다. 그런데 참 이상한 것은 경제생활을 하지 않고 온전히 남편으로부터 생활비를 받는다는 것이 참 어색했다. 대부분의 홑벌이 가족에게 이것은 너무도 당연한 일인데, 나는 이상하게 어색했다. 그러면서 동시에 드는 생각이 있었다. 남편은 끊임없이 사회에서 권한을 가지고 자기 위치를 부여받고 있는데, 이제 나는 그러지 못한다는 회한이었다.

　전업주부로 남게 된 나는 어딘가 삐걱거렸다, 이런 생각은 아

마 많은 경력보유(경력단절이 아니라) 여성들이 갖게 되는 심리
일 것이다.

　이런 경우에 전업주부들이 관심을 갖게 되는 여러 공간이 있
다. 개인 취미생활을 누리는 사람도 있고, 아르바이트를 하는 사
람도 있고, 학업을 더 이어가는 사람도 있게 된다. 그리고 자기가
살고 있는 동네에 대한 관심이 저절로 생기게 되고, 자녀들이 다
니는 학교로도 당연히 관심이 가게 된다
　큰딸이 6학년이 되던 해 학부모 총회는 아이가 1학년 때의 의
미와는 좀 달랐다. 자녀가 6학년쯤 되면, 부모들은 자녀 학교에
대한 관심도가 급격히 떨어진다. 자녀가 성장함에 따라 엄마가
직장을 다시 다니게 되는 경우도 많아지게 되므로, 학년 초의 학
부모 총회에 가는 학부모도 많이 줄어든다.
　나는 적어도 학부모 총회만큼은 꼭 가야 한다고 생각했었다.
내 아이의 담임선생님을 만날 기회가 그닥 없지 않은가. 담임선
생님의 얼굴 정도는 알아야 마음이 놓였다. 그렇게 맞닥뜨린 학
부모 총회에서는 더 이상 학부모 반대표를 할 지원자가 없었다.
5년 전과 달리 나는 자발적이 아니라 반강제로 학부모 반대표가
되었다. 별일 없이 1년이 갔다.

　다음 해에 큰딸은 중학교에 갔고, 둘째 딸이 같은 초등학교에
입학했다. 그러다 3월 중순쯤, 아는 학부모로부터 전화가 왔다.

학교운영위원회의 학부모 위원을 해보라는 제안이었다. 사실, 별 관심이 없었던 터라 들은 둥 마는 둥 하고 있었다. 그러다가 결정적인 한 마디에 순간 정신이 번쩍 들었다.

"별거 없어요. 그냥 회의가 있을 때 나와서 회의만 참석하면 돼요."

내가 아무리 관심이 없다손 치더라도, 학교운영위원회는 학교의 교과과정을 비롯하여 교육예산 등의 중요 현안을 심의하는 기구라고 알고 있었다. 그런데, 별거 없다니. 그냥 회의에만 참석하면 된다니. 이게 무슨 소린가 싶었다. 큰딸이 6년을 다니는 동안 학교운영위원회가 그렇게 운영되고 있었다는 말인가 하는 생각이 들면서, 갑자기 오기가 발동했다.

"네, 하겠습니다" 그렇게 시작하게 된 자녀 학교의 운영위원회 활동이었다.

학교운영위원회 활동은 말 그대로 아무것도 안 하면 안 할 수 있고, 뭐든 으쌰으쌰하면 할 수 있는 조직이다. 2013년과 2014년 운영위원장으로 일하면서 학교 선생님들과 학부모들의 협의를 통해 나름 의미 있는 활동들을 해나갔다.

아침자습시간에 '정글북'이라는 모임의 회원인 학부모들이 각 반으로 들어가서 책을 읽어주고 학생들의 눈높이에서 학생들의 생각을 끄집어 내주는 활동을 하기도 하고, 일 년에 한 번, 학생들의 집에 가지고 있는 책들 중, 읽을 만한 책들을 학교로 가지고 오게 해서 체육관에서 도서 바자회를 열기도 했다. 전 학년이 수업 시간에 바자회를 순회하면서 각자가 읽고 싶은 책들을 자유로운 자세로 읽어가던 풍경은 지금 생각해도 참 잘했다 싶다. 이 모든 것이 학부모들의 품이 필요한 것이었고, 선생님들의 동의가 있어야 하는 것이었다. 나는 이런 일들을 잘 조직했고, 힘이 들었지만 힘이 드는 줄 몰랐다.

 정치하는 엄마의 고해성사 : 딸들이 바꾼 삶, 엄마가 하는 정치

감성생태동아리 '생동감'이
일깨워준 공동체의 가치

무엇보다 가장 의미 있는 일은 학부모생태동아리를 만든 일이다. 이름하야 「감성생태동아리_생동감」이다

우리 동네는 자연환경이 참 좋다, 학교가 관악산 줄기인 삼성산에 붙어 있고, 바로 후문을 나오면 그 삼성산에서 흐르는 삼막천이 안양천으로 이어진다. 삼막천변에는 아주 작은 들꽃들이 지천으로 피어있다. 나만 해도 서울에서 자란지라 아는 꽃이라고는 개나리, 진달래, 장미, 아카시아 정도가 다였고, 나무도 소나무, 버드나무, 미루나무, 그리고 내가 제일 좋아하는 느티나무 정도가 아는 전부이다. 눈으로 보면서 그냥 좋다고 느낄 뿐이지, 자연이 나와 체화되어 있지는 않다.

내가 내 딸들에게 끊임없이 갈구한 것 중 하나는 자연과 하나

가 되게 하는 것이었다. 큰딸은 나의 강력한 설득으로 중학교 2년을 지역 스카우트를 시켰다. 이 주에 한 번씩 주말마다 딸은 몸집보다 큰 야영가방을 꾸리고, 오지캠프, 카누캠프 등의 이름으로 텐트생활을 했다. 일인용 텐트를 매고 다니며 산속에서 야영하고 밥을 해 먹었다.

분명히 현대인은 '자연결핍'이라는 병을 앓고 있는 것이 분명하다. 특히 나이가 젊을수록, 어릴수록 그렇다. 아이들은 발에 흙이 묻으면 죽는 줄 알았고, 메뚜기나 여치만 봐도 뒤로 자지러진다. 꽃 이름이나 나무 이름을 아는 것이 중요한 것이 아니라, 그냥 자연에 몸을 맡기는 자연스러움, 어머니 지구인 Mother Nature에 경외감을 갖는 것, 생태감수성을 기르는 것이 중요하다.

그런 생각을 하고 있던 차에, 안양시 차원에서 학부모를 대상으로 하는 생태수업이 있어 신청하게 되었다, 딸의 학교에서도 처음 보는 학부모 네 명이 함께 수업을 듣게 되었는데, 완전 신세계였다. 바로 우리 집, 우리 학교 주변의 작은 공원, 하천, 학교 운동장에서 매일 만나는 풀과 꽃과 나무와 하나가 되는 교육과정이었다. 딸 학교에서도 이런 수업을 하게 되면 얼마나 좋을까 생각했고, 마침 학교 선생님은 이런 제안을 흔쾌히 받아주셨다.

2013년 2학기에 가정통신문을 통해 회원으로 들어온 약 20명의 학부모들과 그 날부터 삼성산으로, 관악산으로, 예술공원으로, 학의천으로, 안양천으로 다니며 교육을 받고, 직접 학생들에게 수업할 수 있는 교육과정을 연구하는 활동을 했다.

정말 멋진 엄마들이었다. 나처럼 일을 하다가 그만둔 사람들이 대부분이었는데, 어찌 그리 한 명 한 명 능력이 있고 영특한지, 그리고 교육받는 내용이 그래서인지, 하나같이 배려심 많고 기운이 넘쳤다.

학교와 협의하여 다음 해부터 각 학급의 창체시간에 학부모 자원봉사자들, 즉 생동감 회원들의 수업이 진행되었다. 특히 4학년 학생들은 오전 시간 전체를 삼성산으로 가서, 직접 자신들의 움집을 만들었다. 학급 안에서 평상시에 다소 소외되던 아이들 중에 야외활동인 산에서는 오히려 두각을 나타내며 다른 친구들을 리드하기도 했고, 내성적인 아이들이 움집을 만드는 구상을 창의적으로 잘 하는 경우도 있었다. 아이들은 그렇게 자신만의 시간 속에서 자신만의 추억을 만들고, 보이지 않던 능력을 발휘했다.

나는 이 활동에 완전 매료되어 있었다. 함께 하는 회원들도 마찬가지였다. 이런 활동을 만안구의 세 개 초등학교에서 특화시켰다. 삼성초, 신안초 그리고 안양서초였다. 나는 처음부터 2016년까지 생동감의 전설적인(?) 회장으로 활동했다.

그러나 2019년 무렵, 삼성초는 더 이상 학부모들의 봉사활동을 통한 교육과정을 하지 않고, 오히려 비싼 강사비를 주고 외부강사가 들어오는 생태수업으로 전환했다고 한다. 후에 얘기를 들어보니 '왜 일부 엄마만 생동감 선생님으로 수업에 들어가는가?'라는 민원이 몇 명으로부터 들어오게 되고, 민원에 민감한 교장, 교감선생님이 오시게 되어 이런 방식의 수업이 중단되게 되었다고 한다. 참으로 안타까운 일이다. 당시 생동감은 철저한 규율이 있었다. '절대 자기 자녀의 학급의 수업은 들어가지 않는다. 되도록 자녀와 다른 학년의 수업에 들어간다'는 것이었다. 민원의 취지는 이해하지만, 그 좋은 교육과정이 아예 없어진 점은 너무나 유감스럽다.

2020년을 전후로 급격하게 대두되기 시작한 기후위기라는 이슈는 단순히 일상에서 대중교통을 이용하고, 냉난방을 줄여서 탄소배출을 줄이자는 시민운동으로는 돌파할 수 없다. 자연과 내가 별개가 아니라는 생태감수성을 온몸으로 체화해야 한다. 그런 의미에서 내가 사는 곳의 작은 풀꽃 하나, 작은 곤충 한 마리가 왜 소중한지를 아는 것이 필요하고, 초중고에서 이런 교육과정을 사수하는 것이 정말 중요하다고 생각한다.

지금도 신안초와 안양서초는 학부모 생태수업이 진행되고 있다. 참 아이러니한 것은, 그 당시에 나와 함께 자원봉사로 수업을 하던 에이스 학부모들은 협동조합을 만들어 현재 전문 프로 생태수업강사로 활동하고 있다.

생동감은 나의 친정과도 같은 모임이다. 전업주부가 되었던 내가 자녀 학교에서의 운영위원회 활동과 생태동아리 활동은 사회에서 내가 잘 할 수 있는 일, 하고 싶은 일을 찾게 된 계기를 만들어주었다.

열정적인 시민활동가로 보낸
치열한 시간들

생동감 활동을 하면서 맺은 인연은 직장과 집, 그리고 우리 동네에만 머무르고 있던 내 영역을 확장시켜 주었다. 나는 전국을 넘어 전 세계 조직인 '지속가능발전협의회' 활동을 시작으로 젊은 시절 나를 뛰게 했던 것처럼 많은 지역사회활동으로 눈을 돌리게 되었다. 내가 직장을 계속 다녔다면 절대 할 수 없는 일들이었다. 지역에는 정말로 다양한 활동들이 있었다. 봉사활동뿐 아니라, 교육단체활동, 환경운동, 돌봄단체 활동, 민주시민교육 활동, 평화통일활동 등 각자의 자리에서 묵묵히 좋은 사회를 만들고자 노력하는 사람들이 참 많았다. 그분들의 활동 하나하나가 모두 소중했다.

나의 이런 활동들은 내 딸들이 자라면서 여전히 내 손길이 필요한 순간에 손길을 뻗지 못해 문제가 발생하는 때도 있었으나, 딸들은 나의 행보를 응원했다. 부족함을 느낀 나는 교육대학원에 진학했다. 공부할 것도 많고 해야 할 것도 많은 날들이었다.

돈을 버는 워킹맘은 아니었지만, 워킹맘 수준으로 밖에서 바쁘게 활동하는 나를 큰딸은 잘 이해해 주었다. 일을 하다가 잠시 쉬었던 내가 다시 바쁘게 사는 모습을 가장 응원해 준 것도 큰딸이었다.

2장.

세상 바꾸는 법을 배우다

느닷없이
정치를

내가 정치를 할 것이라고는 꿈에도 생각하지 않았었다. 사실 시민사회단체 활동을 하면서 간혹 답답하다고 느껴지는 부분이 있었다. 가치가 있고 필요해서 시민사회단체가 아무리 외치고 목소리를 내도, 이 목소리가 실체를 갖게 되는 것은 참 어렵고 오래 걸린다. 하나의 이슈를 가지고, 10개, 100개의 단체가 성명서를 발표하고, 집회를 1년 이상을 해도, 성과를 내기는 역시 어렵다.

그런데, 뜻을 같이하는 정치인이 관심을 가지고 그 사안을 들여다보면, 그 사안을 정책으로 만들고 예산을 투입하면 구호는 현실이 된다. 그것을 깨닫는 순간, 나는 그런 권한을 가지고 싶었다. 그것이 내가 정치를 해야겠다고 생각하게 된 이유다.

2017년 문재인 대통령이 개헌안을 들고나왔을 때, 나는 심장이 뛰는 것을 느꼈다. 김대중 대통령이 13일 간의 단식을 통해 실현시킨 지방자치는 아직 우리나라에서는 완전히 영글지 못하고 있다. 여전히 각 지방정부는 '지방자치단체'라는 이름으로 불리고 있고, 각 지역의 특색에 맞는 정치를 구현하기에는 예산도 정책도 뒷받침되지 않고 있다. 그런데, 지방자치를 개헌의 핵심의제로 삼았다. 그때 나는 공적 생활에 최적화되어 있는 내 장점을 살리고, 지역에서 해 온 일들을 메아리가 아닌 현실에서 구현하고 싶었다.

2018,
무모해 보이는 도전

　2018년, 나는 정말 호기롭게 지방선거에 출사표를 던졌다. 지금 생각하면, 완전 선무당이 사람 잡는 식이었다. 솔직히 고백하면, 나는 선출직 의원 선거 전에 각 정당에서 후보경선을 위한 과정에 대한 이해도 부족했고, 경선에 나가는 후보들과 지역위원회의 위원장, 즉 국회의원과의 사전 교감의 필요성에 대해서도 완전 무지했다. 한 마디로 무식했고, 무모했다.

　그저, 하고 싶다는 열망이 앞섰다. 나는 순수하고 열정적인 시민 그 이상도 그 이하도 아니었다. 내가 선거에 나가고 싶다고 했을 때, 남편은 의외로 담담하게 해보라고 했다. 사실, 본인이 하고 싶어하는 것을 한 번도 못 하게 해본 적이 없는 배포 큰 아내였으니, 자신도 나를 막을 명분이 없었을 테다.

이것은 2018년, 내가 처음으로 정치를 한다고 했을 때의 딸의
마음이다

"민주야, 너는 어떻게 생각해?"

엄마는 내가 정말 어릴 때부터 항상 내 생각을 꼭 묻곤 했어.
마치 내가 어른인 것처럼, 무언가를 결정할 때마다 엄마의 생각을 설명
해주고 내 의견을 물었지. 언제나 내 생각을 존중해주는 어른. 아주 오
래전부터 나는 엄마를 그렇게 생각해온 것 같아.
그런 엄마 덕분에 나는 나의 중심을 가지고, 다른 사람들의 생각 또한
존중하는 법을 배우게 되었어. 그래서 엄마가 도의원에 출마하기로 결
정한 순간부터 지금까지, 엄마의 용기가 자격이 있는 용기라는 생각을
하고 있어.
엄마는 아주 어리고 작은 딸을 존중해준 것처럼, 최선을 다해 엄마가 대
표해야 하는 사람들의 생각을 듣고 온 진심을 다해 존중할 사람이니까.

누구보다 다른 사람들의 생각을 존중하고 수용하는 것을 중요하게 여
기는 엄마지만, 옳지 않은 것 앞에서는 엄마의 소신을 당당하게 내세우
는 것이 정말 존경스러워.
2016년 추운 겨울에, 매주 촛불집회에 나가 뜻을 함께하는 수많은 사
람들과 함께 새로운 시대를 만들어낸 엄마를 보면서, 1987년 민주주의

를 위해 싸웠던 젊은 시절의 엄마가 상상돼서 정말 자랑스러웠어.
민주를 더 민주답게. 엄마가 가장 잘 할 수 있는 일이라고 생각해.
엄마, 파이팅!

– 만안의 민주 엄마 1호 지지자, 민주 –

　그 당시, 앞에서 언급했듯이, 딸은 스스로 자신의 모습을 찾아
가느라 매진하고 있었다. 4월에 있었던 예비후보 선거사무소 개
소식에서 딸은 이 글을 읽어주었다. 그리고, 엄마의 모습을 보면
서 마음이 많이 달라졌다고, 엄마가 자랑스럽다고 말해주었었다.
아직도 그때의 미안함은 말로 표현하기 힘들다.

　당시, 내가 사는 지역의 현역 도의원은 우리 당의 지역위원회
사무국장까지 맡고 있던 분이니 당연히 지역조직이 탄탄했다.
　본격적으로 그해 1월 중순부터 지역을 다니며 나라는 사람을
알리기 시작했다. 명함을 들고, 지역에서 개최되는 크고 작은 행
사를 다니며 인사를 했나. 당언히 나는 완전 초보냄새 풀풀 풍기
는 풋내기였다. 그래도 그 당시 나를 따뜻하게 맞아주셨던 분들
이 기억에 생생하다. 왜인지는 모르겠는데, 기억에 가장 크게 남
는 행사가 안양시 호남향우회 자문위원장 이취임식이었다. 낯선
공간에서 이곳 저곳을 다니며 인사드리던 때가 엊그제 같다.

그 당시, 민주당 지역위원회가 안양 만안의 4곳 시의원 지역구와 2곳 도의원 지역구에 모두 후보 단수공천을 주는 것으로 발표가 나면서 한바탕 소동이 벌어졌다. 당의 고문님들까지 나서서 이건 너무 비민주적이란 의견을 적극 개진하면서, 결국 내게도 경선의 기회가 왔다.

내 기억에 5월 5일 어린이날이 경선하는 날이었던 것 같다, 경선에서 나는 42%의 득표를 얻어서 패했다. 나에겐 여성 가점이 있었으므로 역계산을 하면 아마 약 35% 정도의 득표가 내가 원래 받은 표였을 것이다. 많이 아쉬웠지만 어쩔 수 없었다. 어쩌면 나의 욕심이었고, 선거를 대하는 오만함이었다. 나는 선출직 정치인이 시민을 대표해야 하는 중압감을 온전히 느낄 수 있었다. 그때 경선에서 떨어진 것이 차라리 잘된 일이었다고 생각한다.

그 후, 나는 적극적으로 지역에서 시민단체 활동을 했다. 민주시민교육 활성화를 위해 뛰었고, 교육단체 활동도 열심히 했다.

선거다운
진짜 선거

내가 사는 안양의 정체되어 있던 정치상황의 돌파구가 생긴 것은 2020년 총선에서 안양의 3개 지역구에 모두 새로운 국회의원이 시민의 선택을 받게 되면서이다. 20대 총선까지 만안의 이종걸 국회의원 5선, 동안갑의 이석현 국회의원 6선, 동안을의 심재철 국회의원 5선의 노련한 정치인들이 안양 정치를 좌지우지하고 있었다.

솔직히, 내가 안양에 산지 올해로 36년이 되는 중에, 나는 모든 선거에서 민주당 국회의원에게 내 소중한 한 표를 주었다. 아니, 내가 선거권을 얻게 된 첫 투표인 87년 대통령선거에서 김대중 대통령을 뽑은 이후부터 그랬다. 경선 과정의 심각성도 사실 잘 몰랐다.

그러다가 2016년에 우리 만안의 민주당 국회의원 후보를 선출하는 과정을 들여다보면서, 경선 과정이 어쩌면 본선보다 더 중요할 수도 있다는 것을 절감했다. 2016년 당시, 민주당에 김종인 비대위원장이 들어오면서, 경선후보였던 강득구 후보가 컷오프되었으니 말이다.

결전의 순간이 다시 왔다. 나는 2019년 당원모집 과정부터 강득구 후보를 돕기 시작했다. 새로운 경험이었다. 한 명 한 명의 지지자가 이렇게나 소중한 것인지 처음 알았다. 내가 그 전 해에 선거에 뛰어들겠다고 나섰던 것이 정말 부끄러워지는 순간이었다.

나는 총선 예비후보 캠프 전부터 지역의 공약을 만들기 위해 많은 전문가들과 소통했다. 의료전문가, 복지전문가, 교육전문가를 비롯하여 지역 주민들을 만나 해소되지 못한 지난 시절들의 문제가 무엇인지를 일일이 정리했다. 그리고 총선 캠프에서는 대변인으로 선거의 소통창구 역할을 했다. 덕분에 참 많은 분들을 만나뵈었다. 안양을 사랑하고, 만안이 잘되기를 바라는 분들, 그리고 무엇보다 강득구 후보를 응원하는 분들과의 소중한 만남을 이어갔다.

당시 상대 현역 의원은 당연히 경선에서 이길 것이라고 생각했던 것 같다. 권리당원 50%와 일반시민 50%의 여론조사 결과를 합산하여 경선이 치뤄졌는데, 사실 20년을 만안에서 국회의원을 하고, 당시 원내대표까지 지내고 있었으니 인지도에서 월등히

앞선다고 생각했을 것이다.

　강득구 후보는 정말 정성스럽게 시민들을 만나고 다녔다. 2020년 2월 말쯤이 경선투표 전화가 오는 날이었다. 강득구 후보를 지지하는 분들이 모여있는 카톡방이 있었다. 그 날의 감동을 잊을 수가 없다. 전화가 오기 시작한 그 시각부터, 여기저기에서 하루 종일 카톡 알림소리가 울렸고, '투표했습니다'라는 메시지가 계속되었다. 그때의 가슴 벅참이란 절대 잊을 수가 없다. '이것이 시민들의 바람이구나. 이것이 바로 자신들을 대신해줄 대표를 원하는 목소리구나' '우리가 사는 만안이 잘되기를 바라는 북소리구나. 이것이 시민들의 함성이구나'

　그날 밤, 우리는 이겼다.

국회의원 보좌진으로의
여정

2020년 5월 30일, 강득구 의원과 함께 일하는 국회 보좌진이 되었다.

국회의원회관은 처음 가보는 사람에게 미로 같았다. 지금은 눈 감고도 다닐 수 있으나 그때는 지하 1층, 1층도 복잡했고, 심지어 주차장도 복잡하게 느껴졌다.

21대 국회의 의원회관 440호는 교육 정책을 비롯하여 만안지역의 케케묵은 현안을 해결하기 위한 전초기지가 되었다.

할 일이 정말 많았다. 나는 공약을 총괄했던 역할을 했으므로, 이후에도 지역공약을 실현하기 위해 안양시는 물론, 경기도, 중

양부처와의 협의를 맡고, 국회 상임위에서 논의되는 교육 정책을 함께 맡았다.

첫 번째 국감 때의 긴장감을 잊을 수가 없다. 의원도 긴장하고 나도 긴장했다. 강득구 의원은 국회에서 그동안 거의 논의되지 않던 평생교육과 문해교육 의제를 처음으로 국회 논의 테이블에 올려놓았다. 그리고 당시 정부 차원에서 주도하던 그린뉴딜 정책을 학교 정책으로 가져와서 전국에 40년 이상 된 학교들을 새롭게 하는 '그린스마트미래학교' 정책을 교육부와 함께 강력 추진했다.

윤석열 정부가 들어오면서 이름을 '공간재구조화'사업으로 바꾸면서 사업의 내용이 다소 간소화해졌다.

그린스마트미래학교는 40년 이상된 학교를 더 이상 감옥처럼 천편일률적인 구조가 아니라 미래교육에 맞는 교육과정에 따라 공간을 재구조화하고, 기후위기에 대응할 수 있도록 재생에너지 시스템을 완비하고, 한 학교 안에 건물의 연수가 다르더라도 학교를 완전 새롭게 한다는 취지로 학교 자체를 완전히 바꾸는 정책이다. 우리 만안에서도 안양초, 삼성초, 안양공고, 성문고, 안양문화고, 명학초가 대상학교로 결정되었다.

국회 보좌진의
일상

국회의원실의 일은 일상적이지 않다. 처음에는 들뜬 마음으로 똥오줌 가리지 않고 덤볐다. 국회 시스템을 익히고, 지역구의 정책을 지방정부와 논의하는 일, 상임위 회의와 법안공청회, 인사청문회, 예결산 업무, 다른 의원실과의 협력을 도모하는 일, 국회사무처와의 일 처리, 법안을 입안하는 과정, 토론회를 조직하는 방법, 중앙부처의 구조를 익히고, 공무원들과 소통하는 노하우를 익히는 일, 필요한 정책을 마련하기 위해 전문가들과 협업하는 과정, 기자들과의 관계를 쌓아가는 것, 언론인터뷰 정리, 그리고, 무엇보다 정무적인 판단을 하는 일, 특히 지난 정권의 부당함과 싸우던 일 등등 끝이 없다.

어디서 무슨 일이 훅 들어올지 알 수가 없고, 예상하지 못한 정치적 사건이 발생하면 그것을 대처하기 위해 손발이 바빠진다.

9시 출근은 거의 보장되지 않는다. 보통 아침 7시 30분부터 시작하는 조찬 세미나가 많다. 국회의원이 정책을 펴기 위해 필요한 정보를 서로 공유하고 공부하는 자리이다. 이 세미나에 많이 참여하면 머리가 무거워지고 생각이 많아지고, 할 일이 더 생긴다. 어떨 때는 피하고 싶다.

국회의원들은 점심 식사도 정치활동의 하나인 경우가 대부분이다. 따라서 점심때도 의원이 진행하는 모임이나 기자들과의 오찬에 참석하는 경우가 있다. 사실 편하게 밥을 먹을 수만은 없는 경우가 많아서 정말 이것만큼은 피하고 싶기도 하다. 그러나 역사는 거의 그런 시간에 이루어진다.

퇴근도 당연히 6시가 보장되지 않는다. 부처 공무원들이 활동하는 시간에 주로 지역 정책이나 상임위 관련 논의를 하다 보면, 밀린 일들이 생기고, 문건을 작성해야 하는 경우는 당연히 저녁 시간 이후에 일을 할 수 밖에 없다. 특히 나처럼 지역의 전반적인 일과 국회상임위 일을 동시에 하는 경우는 더욱 그렇다.

21대 총선이 끝나고 지역에서만 있던 내가 국회로 들어갈 때, 강득구 의원은 처음부터 내가 지역 관련 일과 국회일 양쪽을 다 해야 한다고 하셨다. 그래야 일을 배울 수 있고 안목을 넓힐 수 있다고 했다. 맞는 말이다.

사실 처음에는 그것이 너무 어렵고 균형을 잡기가 힘들었다. 그러나 그 말은 진리였다. 300개의 의원실은 모두 모양이 다르다. 아마 강득구 의원실의 나처럼 국회 상임위 일과 지역의 일을 동시에 하는 보좌진은 거의 없을 것이다. 강득구 의원님의 말이 적어도 나에게는 통했다. 정말 감사하다.

일 년에 한 번 10월에 있는 국정감사(국감)는 국회 활동의 꽃이다. 국감을 준비하는 기간은 사실 일 년 내내이다. 일 년 동안 해당 상임위에 속한 업무를 살피는 일은 방대하다. 21대 국회 4년은 교육부, 22대 국회 2년은 기후에너지환경부(기존의 환경부)와 고용노동부의 업무가 그 대상이다.

주요 상임위 외에 만약 특별상임위를 겸하게 되면 일은 두 배, 세 배가 된다. 21대 국회에서는 운영위원회와 예산결산특벽위원회를 겸했었는데, 말 그대로 혼이 나갔었다.

국회의원 역시 국정과 지역 일을 동시에 균형을 잡는 것이 매우 중요하다. 잘 해내기 위해서 지역에서 도의원, 시의원들과 함께 끊임없이 소통하는 것이 필수인 이유다.

3장.

일상의 정치가
일구어낸 변화들

24년 된 안양역 앞 폐건물, 그 흉물을 허물다
58년 만에 시민의 품으로 돌아온 서울대 수목원
박달스마트밸리, 탄약고 부지의 재탄생
잃어버렸던 시청을 되찾다
만안의 미래에 필요한 것

24년 된 안양역 앞 폐건물,
그 흉물을 허물다

강득구 의원은 임기가 시작되고 가장 먼저 박차를 가한 것이 몇 가지 있다.

안양역 앞에 흉물스럽게 서 있는 폐건물을 철거하는 일이 그 중 하나였다. 폐건물 철거에 대해 안양시 공무원들과 논의를 하면, 당시에 항상 되돌아오던 말이 있다. '개인소유라 어쩔 수가 없다. 사유재산 문제를 시가 나서서 해결할 수가 없다'는 것이었다. 행정의 영역에서는 그럴 수 있다.

그러나 다중이 그 폐건물로 인해 심리적 피해를 보고 있었고, 심지어 폐건물 빈 공간에서 싸움이 벌어지는 큰 사건도 있었던 곳이다. 20년이 지나면서 소유자만 땅값이 올라 횡재하고 있는 말도 안 되는 상황이었다.

전문가와 시민들로 구성된 TF를 꾸리고 방법을 찾으려고 노력했다. 국회의원이 할 수 있는 최고의 방법인 입법개정을 통해 드디어 폐건물을 안양시가 철거할 수 있는 근거를 마련했다. 법 개정에 매달렸고, 드디어 21년 2월에 관련 법이 국회를 통과했다. 이름하야 「공사중단 장기방치 건축물의 정비 등에 관한 특별법」이다. 국회의원 임기가 시작되고 채 일 년이 되지도 않았는데 얻어낸 쾌거였다. 22년 11월에, 폐건물은 철거를 시작했다. 통쾌했다.

58년 만에 시민의 품으로
돌아온 서울대 수목원

심혈을 기울였던 또 다른 공약은 58년 동안 폐쇄되었던 예술 공원 내 '서울대수목원'을 개방한 일이다. 이 역시 21대 국회 임기가 시작되고 두 달이 채 안되어 착수한 일이다. 안양시와 서울대 양측과의 줄다리기는 오랜 시간이 필요했다. 두 기관의 입장이 처음에는 첨예하게 달랐다. 가장 풀기 힘든 문제는 예산투입을 어떻게 어디서 할 것인가 하는 문제와 해당 부지의 무상양여 이슈였다.

서울대는 수목원의 교육적 이용을 용이하게 하기 위해 해당 부지의 무상양여를 원했다. 수목원 부지는 교육부 소유였는데, 수목원 입구에 있던 관리동 하나를 짓기 위해서만 10년이 넘는 시간이 필요했었고, 서울대는 해당 수목원 부지에서 학교가 자유롭게 교육활동을 하기 위해 교육부로부터 무상양여를 받고 싶어했다. 이를 위해서는 1차 교육부, 2차로 기재부의 관문을 넘어야 했다. 서울대는 무상양여가 되면 수목원 부지 중 교육용으로 필요한 절대부지를 제외한 나머지 공간을 시민들에게 개방할 수 있다는 입장이었다. 마다할 이유가 없었다.

시민들을 설득하고, 안양시를 설득하고, 시의회를 설득하고, 교육부, 기재부와의 협의를 거치는데 꼬박 5년이 걸렸다. 그 사이에 '서울대 관악수목원'이라는 명칭을 '서울대 안양수목원'으로 바꾸는 과정, 기재부 담당 공무원이 교체되면서 새로운 공무원이 다소 깐깐하게 처음부터 다시 논의하자고 한 과정, 서울대와 안양시 간 이견 차를 좁히는 과정 등 우여곡절이 많았다.

딸 아이와 개방된 수목원을 다녀온 적이 있다. "엄마, 참 좋네. 강원도 어디쯤 와 있는 느낌이야." 맞다. 시민들의 마음도 딱 이럴 것이다. 시민이 누릴 수 있는 일상의 행복을 찾아주는 것, 이것이 정치인이 해야 하는 일이다.

박달스마트밸리,
탄약고 부지의 재탄생

21대 국회의원 공약이 만들어지기 전인 2018년부터, 박달스마트밸리 건설은 안양시장의 공약사항이었다. 안양이라는 도시는 70, 80년대에 여러 방직회사, 대한전선, 만도 등의 기업들이 있었으나 지금은 주거 중심의 도시로 바뀌면서 세수 확보가 미약한 상황이다. 뿐만 아니라, 도시안에 관악산, 수리산 등의 공간 녹지 공간을 제외하고 유휴공간이 턱 없이 부족하다.

더군다나 안양과 광명, 시흥의 인접 지역인 박달동의 수리산 아래 군부대 부지에 흩어져 있는 탄약고와 정보사 부지로 인해, 서안양의 발전이 지체되고 있었다. 그런 고민으로 나온 것이 박달스마트밸리 건설이다.

세 군데로 흩어져 있는 탄약고를 수리산 아래 지하로 넣고 현

대화시킴과 동시에, 나머지 부지를 정리하여 첨단산업단지를 조성하는 것이다. 서해안고속도로, 인천공항, 광명KTX역 등과 바로 연결되는 교통요지이므로 성공적인 단지조성이 가능하다.

이 사업을 위해 넘어야 할 장애물은 한둘이 아니었다. 우선 국방부가 이 사업의 취지를 이해하고 사업을 하겠다고 결정해야 했다. 국방부는 호의적이기는 하나, 탄약고의 지하화, 현대화 사업에 있어서 안전을 최우선시했고 이를 위한 검토에 오랜 시간이 걸렸다. 그 후, 국토부와 그린벨트 부지 관련 협의, 기재부와 공유재산심의 관련 과정, 그리고 이 사업을 직접 시행할 민간사업자 선정에도 많은 시간이 걸렸다.

행정의 시간은 정치의 시간보다 길어도 너무 길다. 그러나, 사업을 추진하기 위한 안양시와 의원실의 노력이 이겼다. 결국, 2025년 가을, 이 모든 과정을 끝내고 안양시와 국방부 시설본부 간에 탄약고 지하화 사업을 위한 합의각서가 교환되었다.

이제 올해부터는 안양도시공사와 민간사업자가 탄약고 지하화를 위한 사업의 기본설계와 실시설계를 진행할 것이고, 국토부와 사업부지에 관한 그린벨트 해제 협의를 할 것이다. 그것이 완료되면, 탄약고 이전 사업이 시작되고, 그 후빈 자리에 첨단사업단지가 들어서게 될 것이다. 아직도 많은 시간이 걸릴 것이다. 그러나 시간이 지나면 서안양, 즉 박달동 인근의 모습은 완전히 새로워질 것이다. 안양주민들의 자족성과 정주성을 확보하게 될 것이고, 확실한 세수도 확보될 것이다.

잃어버렸던
시청을 되찾다

안양시청은 본래 만안구에 있다가 평촌 신도시 조성 후 지금의 자리로 1996년에 이전했다. 시청뿐만 아니라, 만안구에 있던 교육청, 소방서 등 주요 기관들이 모두 옮겨갔다. 1990년대에 조성된 신도시에서 모두 이 같은 일들이 있었다.

문제는 두 가지였다. 안양의 노른자위 땅인 평촌 한가운데에 시청이 자리잡고 있으면서 제대로 경제적 효과를 못내고 있다는 것이 하나였고, 또 하나는 만안구와 동안구의 발전 격차가 벌어지고 있다는 것이다,

이 문제를 해결하기 위한 방안으로 21대 국회의원 선거에서 강득구 의원은 공약으로 '안양시청의 만안구 이전'을 내걸었다. '만안구는 행정특구로, 동안구는 경제특구로'로 발전시키는 것이다.

시민들 중에 간혹 오해를 하는 경우가 있다. 멀쩡한 시청을 왜 만안구로 옮기면서 세금을 낭비하느냐는 것이다. 그러나, 시청을 만안구로 옮기는 데는 시민들의 세금이 별도로 들지 않는다.

우선, 만안구에는 안양시 소유의 땅이 있다. 안양6동에 있는 국립수의과학검역원이 2013년에 지방으로 이전하면서 안양시가 이 부지를 분할 매입했다. 따라서 시청 이전을 위한 별도부지 비용이 필요 없다.

그리고, 현 시청의 평촌 부지는 안양에서 가장 비싼 땅이다. 그곳에 국내 굴지의 좋은 기업이 들어오게 되면 안양시가 받은 땅값으로 검역원 부지에 시청을 지을 수 있다. 그렇게 되면 평촌의 새로운 먹거리, 안양의 새로운 세수가 확보되는 것이다. 만안구의 새로운 시청 부지에는 만안구청, 보건소를 비롯하여 시민들이 문화생활을 할 수 있는 많은 시설들이 함께 들어설 수 있다.

시청이전에 반드시 필요한 전제조건은 현 시청부지에 굴지의 기업이 유치되어야 한다는 것이다. 이 공약은 안양의 세 국회의원의 합의 하에 2022년 안양시장 선거에서 공약으로 채택되어 현재 추진 중이다.

만안의 미래에
필요한 것

안양천 지방정원 국가정원 조성, 시민의 교통편의를 위한 철도로 '위례과천선 안양선 연장' 구축, 연현마을 공원 조성, 그리고 주거환경을 개선하기 위한 주민 중심의 재개발, 재건축 사업 추진. 안양천을 새롭게 주민들에게 되돌려 주기, 만안 중심 상권을 활성화시키는 일 등 현재 진행되고 있는 많은 정책들은 한순간에 성과를 낼 수는 없다. 시민들 간의 다른 이해관계를 조정하는 일도 중요하다.

의원실에서 하는 일들은 무게감이 있는 이런 큰 공약의 성과를 만들어내는 것에서 그치지 않는다. 시민 한 명 한 명의 다양한 민원들을 해결하는 것까지 다양하다. 시간에 쫓겨 빨리 해결해야 하는 일들도 있고, 아무리 빨리 하고 싶어도 시간이 걸리는 일들도 있다. 모두 중요한 일이다.

이 일들을 하는 과정은 지난하다. 끈기와 집요함도 필요하다. 잊으면 안 되는 일이 많다. 강한 원칙과 부드러운 설득이 필요하다. 그리고 무엇보다 그 일을 해낼 사람이 필요하다.

4장.

다시,
시민과 함께

이제는 절대 지지 않으리
비상계엄의 밤, 맨손으로 민주주의를 지켜낸 국민들
딸들은 가장 매서운 비판자

이제는 절대
지지 않으리

나는 2022년 지방선거 경선에서 승리하고, 안양시 제2선거구 (안2, 박달, 석수)의 도의원 후보로 나섰다. 그러나 실패했다. 여러 가지 꼬인 일들이 있었으나, 결국 나의 부족함 탓이었다. 그때 나를 응원해 주시던 분들께 얼마나 죄송했는지 모른다.

선거 결과 발표가 있었던 날 밤, 경기도 광역도의원 선거구 중 내 선거구가 가장 늦게 결과가 발표되고 450표 차로 낙선하는 과정에서 당락이 엎치락 뒤치락 하던 기억이 생생하다. 무엇보다, 그 때 선관위 결과의 업그레이드가 늦어지면서, 경기도 광역의원 결과의 향방이 TV 선거방송 상으로는 묘연했다.

개표소 현장에서 결과를 뒤집을 수 없다는 소식을 듣고서 집으로 돌아왔다. 새벽 5시가 다 되어, 이번 경기도의회 전반기 의장이었던 염종현 의장님으로부터 걸려온 전화가 아직도 뇌리에 남아있다. 만안구 2선거구 결과발표가 방송상으로는 알 수가 없었기 때문이었다.

"어떻게 되었습니까?"

"죄송합니다. 안 되었습니다..."

"아... 그러면 경기도 의회의 정당 의원이 정확히 78 대 78이군요."

경기도의회가 전반기 의장 선출과정을 비롯하여 많은 정책 조정에 힘들었던 것이 모두 내 책임인 것 같아, 내내 마음이 괴로웠다.

선거 패배는 전적으로 후보의 탓이다. 지난 선거에서의 열패감을 극복하기 위해 더 열심히 뛰고, 더 간절하게 살았다. 나는 이제 절대 지지 않을 것이다.

비상계엄의 밤, 맨손으로
민주주의를 지켜낸 국민들

2024년 12월 3일을 어찌 얘기하지 않을 수 있나.

국회에서 일하면서 겪은 일들 중 가장 선명하고 기억에 남는 일을 꼽으라고 하면 단연코 비상계엄이 선포된 날 국회 본청에서의 밤이다.

다음은 그날의 단상에 대한 나의 기록이다.

"너 꼭 가야 하겠니?"

그 날 밤, 국회로 향하는 나에게 남편이 물었다.

24년 12월 3일 저녁에는 안양 세 개 지역구(만안, 동안갑, 동안을)의 국회의원과 군포, 의왕과천 국회의원, 시민사회단체가 공동주최한 '검찰개혁 토론회'가 있었다. 토론회가 끝나고, 강득구 의원님과 저녁식사를 한 후, 의원님은 국장님과 강서구 이대병원 장례식장으로, 그리고 나는 퇴근을 했다.

집에 오니 밤 10시 20분이었다.

씻고 나와보니, 무음으로 되어있던 전화가 불이나 있었다. 나오자마자 받은 전화는 OOO 녹색회장이었다. 공적인 자리에서는 서로 '회장님' '보좌관님' 이라고 불렀으나, 이날은 달랐다. "언니! 비상계엄이라는데 이게 무슨 일이예요?"

10시 40분이었다.

진짜 계엄령이었다.

핸드폰을 보니, "보좌진들은 즉시 국회로 복귀하라"는 내용의 문자가 국회 사무처와 민주당보좌진협의회로부터 여러 통 들어와 있었다.

마음속에는 의외로 냉정한 바람이 불었다. '빨리 가자!'

순간 광주가 떠올랐다.

'그날도 시민들은 주저 없이 도청으로 갔겠구나.'

그리고는 또 순간, 둘째 딸의 얼굴을 쳐다봤다.

'다시 못 올 수도 있겠네...'

백팩에 속옷, 양말, 칫솔을 챙기는 내게 남편이 말했다.

"너 꼭 가야 하겠니?"

"보좌진들은 즉시 국회로 복귀하라"는 문자를 보여주며 "나 국회 데려다 줘야겠어" 했더니, 열쇠를 챙기는 남편... 그의 뒷모습에 대한 기억에 지금도 마음 먹먹하다.

집에 있던 둘째 아이가 낮게 말했습니다. "엄마, 나도 같이 가"

같이 간다는 것이 무슨 의미인지 이 녀석은 알까?

몇 번을 실랑이하다가, 여의도까지만 같이 가는 것으로 하고 함께 차를 탔다.

강득구 의원님은 전화를 받지 않았다. 수행하고 있던 사무국장에게 전화했다. 의원님이 국회와 가까운 강서구에 있었던 것이 정말 다행이었다. "바로 의원님 모시고 국회로 오시라"고 얘기하고 의원실 보좌진들에게 연락했다.

9급과 인턴비서관에게는 국회로 오지 말라고 했다. 홍 선임비서관은 그 시간 국회에서 일을 하고 있었다. 도착 시간을 계산해보니, 다른 비서관과 의원님이 국회에 도착하는 시간이 비슷했고, 나는 한 10분 정도 늦는 상황이었다.

국회로 가는 사이, 의원님은 무사히 국회 담을 넘어 본청으로 들어가셨다는 소식을 들었다. 차를 타고 가며 우스개소리로 긴장감을 낮추려고 했지만, 슬쩍슬쩍 들여다본 핸드폰에서는 '헬기가 떴다. 국회가 봉쇄되었다'는 두려운 소식이 가득했다.

나와 남편, 그리고 딸이 느낀 두려움을 조금이라도 표현하자면 차 안이 터질 것 같다는 느낌이었다. 남편과 나는 계엄령이 어떤 것인지 알고 있으니까. 나중에 들은 얘기인데, 나를 데려다 놓고, 남편은 밤새 TV를 보면서 소주를 마셨는데, '내일부터 이 사람을 어디 가서 찾아야 하나. 찾을 수는 있나'라고 생각했다고 한다.

그날 국회로 달려간 모든 시민들과 국회의원, 국회 직원, 보좌진들의 가족이 모두 같은 생각으로 그 몇 시간을 보냈을 것이다.

여의2교만 지나면 바로 국회 앞이다. 다리를 막 통과하려고 하는데, 저 앞에 바리케이트가 처지고 있었다. KBS방송국 뒤를 돌아 최대한 국회와 가까운 곳에서 차를 세웠다.

"걱정마. 내일 갈게."

"엄마, 계속 전화해야 해."

"사식 넣게 하면 안 된다."

11시 40분 경이었다.

국회 정문으로 가는 길에 나는 분명히 보았다. 그 추운 겨울 날씨에 반바지 차림, 혹은 슬리퍼 차림의 시민들을…

이미 많은 시민들이 국회를 에워싸고 있었고, 정문으로는 들어갈 수 없었다. 도서관 쪽 쪽문으로 들어갈 수 있다는 메시지를 보고 그쪽으로 갔으나 역시나 문으로 들어갈 수 없는 상황이었다. 국회박물관 쪽으로 빙 돌아서 담을 넘어야겠다고 생각했다.

일정한 간격으로 경찰들이 서 있었다. 밑져야 본전이라는 생각으로 경찰 한 명에게 다가가서 말했다.

"저 국회 보좌진인데요. 지금 국회 들어갈 방법을 아세요?"

"…"

"그러면 저 여기서 담을 넘을 거니까 그냥 계세요. 아셨죠?"

"제가 있는 곳은 안 됩니다. 저 없는 곳으로 가세요."

그래서 강변을 끼고 다시 돌기 시작했다. 본관 우측 사랑재 쪽으로 이동하며 상황을 예의주시했다. 사랑재 쪽으로 갈수록 경찰 수가 다른 곳보다 적었고, 길가에 45인승 버스가 주차되어 있어 시선을 막아주었다. 함께 쭉 걸어오던 사람들을 보니 보좌진 같았다.

"저희 여기서 담 넘을까요?" 역시 민주당 보좌진들이었다. 여자 두 명, 남자 두 명. 먼저 나와 다른 여자 보좌진을 넘겨주고 모두 담 넘기에 성공했다. 멀찍이 보니, 경찰관이 우리를 발견했으나 뛰어오지 않았다. 그날 국회로 들어온 많은 국회의원과 국회 직원, 보좌진들은 이렇게 담을 넘었다. 함께 담을 넘은 그분들이 어느 의원실 보좌진이었는지 물어보지 못했던 아쉬움이 아직도 크게 남아있다.

12월 4일 0시 15분 경이었다.

본관으로 가는 길에 헬기의 '다다다다' 소리가 들렸다. 본관 앞에 도착하니 이미 군인들이 현관 앞에 와 있었다, 많은 시민들과 보좌진들이 군인과 대치하며 군인들의 본관 진입을 막고 있었고, 나도 그 대열에 함께 했다. 본관으로 통하는 문은 뭔가로 모두 막혀 있었다, 그때는 군인들이 적극적으로 본관으로 들어가지 않는 듯 보였다. 자세히 보니, 본관으로 들어가는 문에 사람 한 명이 간신히 들어갈 수 있는 구멍이 있었다. 보좌진 신분증으로 신분 확인을 하고 본관 로텐더홀로 부리나케 올라갔다.

로텐더홀이 그렇게 넓게 느껴진 적은 처음이다. 보좌진들이 본회의장으로 들어가는 문을 에워싸고 있었고, 그곳에서 의원실 동료를 발견했다. 얼마나 반가웠는지...

본회의장으로 들어올 수 있는 통로는 많았다. 여기저기 큰 소리가 들렸고, 정문과 뒷문, 옆문, 그리고 위쪽에서 군인들이 진입하는 경우, 당시 로텐더홀을 지키던 우리들만으로는 군인들을 상대로 본회의장을 사수할 수 있을지 걱정이 계속되었다. 본회의장에서는 표결이 진행되지 않아 그 긴장감이 더해져 이루 말할 수 없는 격앙된 상황이었다.
계엄해제 표결은 되지 않고, 우당탕탕 어디서 나는 소리인지 알 수도 없는 소리에 우리는 왔다 갔다 하고, 본청의 천장은 높기만 하고, 군인들이 들어올 통로는 많기만 했다.

드디어 새벽 1시 2분, 본회의장에서 계엄해제 표결이 통과되었다.
와~~ 와~~
그러나 그 후에도 국무회의에서 계엄해제안이 의결될 때까지 로텐더홀을 지키던 동료들과 본회의장의 국회의원, 그리고 무엇보다 시민들의 긴장과 안도는 일 년이 훨씬 지난 지금도 생생하다.
그리고 정말 좋았다. 다시 집에 갈 수 있다.

그날 밤은 우리 모두에게 현실이 아닌 시간, 두려움을 두려움이라고 느끼지 않게 만든 시간, 내 소중한 사람은 내가 지켜야 한다고 몸으로 말한 시간, 그래서 공동체와 개인 모두에게 절대 잊을 수 없는 시간이었다.
이 정도로 엄청난 민주주의 회복력을 가졌다는 것을 스스로 알아버린 우리는 그래서 서로에게 너무도 소중하다.

국회로 향하던 나는 어떤 생각이었던 걸까?
바로 우리가 함께 했던 것과 같은 바로 그! 생각이다!
그날의 우리 모두가, 그리고 내가 자랑스럽다.
내 딸에게 부끄럽지 않은 엄마로 남을 수 있었다.

　내란을 막아냈다는 자신감으로 똘똘 뭉친 시민, 그것이 대한민국의 힘이다. 더 이상 미국이나 유럽은 민주주의의 모범국가가 되지 못한다. 우리 대한민국이 세계 민주주의의 모범이다.
　그 날밤 국회를 지킨 나, 그리고 우리의 자긍심은 87년 민주주의를 지켜냈다는 과거의 자긍심과 함께 평생 남을 것이다.

대한민국 국회
국민을 미래로
2·3 비상계엄 해제 유공 특별포상 수여
2026년 1월, 국회도서관 대강당

딸들은
가장 매서운 비판자

나는 아직 완전한 정치인으로 서지 못했다. 국회의원의 보좌진으로 거의 6년을 일하면서 준정치인으로의 일상을 살고 있다. 새벽부터 밤까지, 주말도 없이 일해야 하기 때문에 가정에서의 내 역할은 더 충실하지 못하다.

큰 딸은 그동안 성인이 되어 그나마 자기 길을 묵묵히 잘 가고 있지만, 작은 딸은 그 사이 많은 우여곡절도 겪은 후, 열심히 험난한 바다를 잘 헤엄쳐 건너오고 있다.

수년간 딸들이 나를 성장시켰다. 외면적으로는 다른 많은 사람들과 상황들이 나를 발전시켰지만, 딸들과의 소통을 통해 내가 얼마나 더 단련해야 하는 사람인지, 더 성장해야 하는 사람인지를 가랑비에 온몸이 젖어가듯이 알아가고 있고, 변했다. 사실 다른 사람들은 이 과정을 잘 모를 것이다. 이건 나만의 비밀무기이다.

내 가족을 위해 가정을 지키고, 식사를 챙기고, 집안 대소사를 챙기는 것보다 다수를 위해 시간을 할애하고, 땀 흘리는 것이 나는 더 좋다. 아니, 더 잘한다. 나는 정치할 팔자였다.

2018년부터 정치를 하던 세월 동안, 딸들과의 관계도 많이 변했다. 그때 알지 못했던 것들을 지금은 안다. 내가 정치를 하면서 달라져서일까? 딸들과의 관계에서 부단히 노력하다보니 더 나은 사람이 되어 정치를 잘할 수 있게 된 걸까? 닭이 먼저인지 달걀이 먼저인지 알 수 없듯이 이것도 어느 것이 먼저인지 알 수 없다.

딸들과의 연습으로, 딸들이 나를 성장시켜준 덕분에 마음을 열어놓고 더 소통하는 법을 터득한 지금의 내가 되었다. 내 정치의 시작은 딸들과의 대화며, 가정에서의 정치다. 처음엔 데면데면하게 보던 딸들이 지금은 나의 정치를 지지한다. 아이들은 이렇게 말한다.

"때마다 밥 잘 차려주는 엄마보다 지금의 엄마가 훨씬 좋아. 그러니까 너무 미안해 하지마."

지금도, 딸들은 나의 가장 큰 비판자이자 가장 큰 지지자다. 나

같은 운동권 세대와 딸들의 MZ세대가 바라보는 세상은 참 다르다. 사안에 대한 견해도 다양하다. 우리에게 당연했던 것이 그들에게는 절대 당연한 것이 아니다. 그래서 딸들은 민주당에 대해서도 가차없이 비판한다. 그 비판을 수용할 줄 알아야 발전한다.

작은딸은 아직도 내게 수시로 이렇게 말한다.

"엄마, 그래 갖고 정치하겠어?"

내가 무언가 잘하고 있다는 생각이 드는 날 집에 들어가서 딸들과 대화하다 보면, 아직도 한참 모자라다는 결론에 도달하게 된다. 반대로 아무것도 못하고 있다는 생각이 들 때는 오히려 딸들의 응원이 나를 일으킨다.

딸들아, 너희들이 나를 멋진 엄마, 멋진 어른으로 성장할 수 있게 해 주었다. 그 힘으로 나는 하고 싶은 바를 향해 직진할 수 있다. 고맙다.

여전히 딸들에 대한 끊임없는 미안함이 있다. 이 책은 그 고해성사다.

엄마를
닮고 싶어

이것은 2022년, 도의원 선거에서 떨어진 새벽, 큰딸이 전한 응원의 메시지다

엄마, 선거 무사히 치르느라 수고했어!
결과가 원하는 대로 나오지 않아서 지금은 많이 힘들겠지만, 최선을 다했으니까 그걸로 된 거야. 사람들은 이미 엄마의 능력과 잠재성을 알아봤으니까, 앞으로 어떤 일이든, 엄마의 능력을 발휘할 기회가 있을거야.

비록 앞으로 도의원으로서 안양시민들에게 변화를 가져다주진 못하게 되었지만, 엄마에게 가장 큰 영향을 받는 두 딸들에게는 그 어떤 책이나 강의보다도 강력한 인생에 대한 가르침을 줬다고 생각해.

24살인 나는 지금의 청춘이 끝나면 내가 빛날 수 있는 시기도 끝나버릴 것 같아서, 새로운 것들을 해볼 기회는 지금뿐인 것 같아서, 늘 마음이 초조하고 조급했어.

그런데 54살인 엄마가 무모하고도 담대하게 정치를 시작하는 것을 보고, 열정만 있다면 무엇이든 시작하기에 늦은 때는 없다는 걸 배웠어. 엄마의 중년을 보고 나의 중년을 기대할 수 있게 됐어.

주변의 말, 환경에 흔들리지 않고 원하는 길로 나아가는 엄마의 용기가 멋져.

비록 "엄마"로서 서운한 점들이 있고 늘 미안할 정도로 불만을 드러내지만, 사실 "어른"으로서 엄마가 걷는 길은 많이 존경스럽고 닮고 싶어. 앞으로도 파이팅!

 정치하는 엄마의 고해성사 : 딸들이 바꾼 삶, 엄마가 하는 정치

정치하는 엄마의 고해성사

초판 1쇄 발행 2026년 2월 22일

지은이 최경순
발행인 박주필

기획 조광현
편집 두민주
디자인 화성그룹 김수연

펴낸곳 와선재
출판등록 제2011-000174호
주소 서울시 영등포구 국회대로 70길 18 한양빌딩 1103호
대표 전화 02-761-0823
팩스 02-761-0824
이메일 marsco@daum.net

ⓒ최경순, 2026

값 20,000원

ISBN 979-11-85588-49-0(03300)

*잘못된 책은 바꾸어 드립니다.